MÉFITIS

BIBLIOTHÈQUE DES CAHIERS DE L'INSTITUT
DE LINGUISTIQUE DE LOUVAIN — 51

MÉFITIS
d'après les dédicaces
lucaniennes de Rossano di Vaglio

PEETERS
LOUVAIN-LA-NEUVE
1990

D/1990/0602/75

ISBN 90-6831-204-9

À DINU ADAMESTEANU,

qui a ressuscité Méfitis

et m'a fait l'amitié de m'associer à sa
recherche

AVANT-PROPOS

Méfitis : figure divine jusqu'à ces derniers temps quasiment inconnue.

Un nom. Nom, avec son - f - intervocalique, d'ascendance sûrement sabellique. Nom dont les Romains ont ignoré (et dont peut-être les Osques historiques avaient eux-mêmes oublié) la signification première. Nom sur l'explication duquel les Modernes demeurent en désaccord.

Un nom, mais point de visage. On chercherait vainement Méfitis dans les grands répertoires de figurations sur vases et sur miroirs. Du moins pourrait-on espérer l'apercevoir localement, à travers les offrandes de ses propres sanctuaires (dont deux ont été fouillés : Ansanto et Rossano). Statues ? Si celles que mentionne à Rossano la base *RV-28* représentaient Jupiter et Méfitis (ce qui est loin d'être sûr : §§ 38*c,* 45*a*), en tout cas rien n'en reste. Petits bronzes ou terres cuites ? Dans la foule des figurines féminines provenant des deux sanctuaires, les archéologues sont en peine de deviner lesquelles pourraient avoir été des représentations intentionnelles et spécifiques de la déesse, et non des types passe-partout fabriqués au loin en plus ou moins grandes séries.

Point donc de tradition iconographique qui nous soit accessible. Guère plus de tradition littéraire, si l'on excepte l'écho éveillé chez Cicéron, Virgile et Pline par un seul des aspects d'un seul des sanctuaires de Méfitis : le volcanisme sulfureux d'Ansanto (§ 32).

L'épigraphie ? Le sanctuaire d'Ansanto, le premier fouillé, est resté désespérément muet; seule exception : une brève dédicace sur poterie qui, par une malchance supplémentaire, est demeurée de longues années égarée, et n'est connue (§ 26) que depuis 1981. Enfin sont sorties de terre les inscriptions de Rossano, et Méfitis a commencé à parler.

J'ai raconté ailleurs (*Un trentennio di collaborazione italo-francese,* Convegno Linceo n° 54 [Roma, 1980]; *Atti* [1983], p. 89 sv.) comment mes recherches sur les langues indigènes de l'Italie méridionale, dans le cadre de mon séminaire des Hautes-Etudes, avaient appelé mon attention sur un site osco-lucanien, celui de Rossano di Vaglio (près de Potenza), site que quelques trouvailles de surface, au XIXème et au XXème siècle, me faisaient juger prometteur ; comment j'avais fait partager ma curiosité et mon attente par Dinu Adamesteanu, surintendant de Basilicate; et comment étaient nées de là les fouilles menées à partir de 1969 dans ce sanctuaire de Méfitis, fouilles qui se sont révélées si fructueuses.

Année après année, des dédicaces ou des fragments de dédicaces sortaient de terre. Dinu Adamesteanu a eu l'amitié de me confier leur publication; ce qui fut fait, au rythme même des découvertes, dans les *Memorie dei Lincei* en 1971, puis dans les *Rendiconti,* de 1972 à 1981. Mais chaque nouvelle série de trouvailles amenait à remettre en cause telle ou telle des conclusions antérieures sur la langue, les institutions, la religion. Le chantier clos, l'heure est venue de tenter une synthèse.

Ce que le lecteur trouvera ici (encore qu'y soient donnés tous les documents en transcription, en fac-similé et en photographie) *n'est pas un corpus épigraphique :* pour les renseignements sur le contexte et le support de l'inscription, pour les mensurations, pour l'établissement de la lecture, pour la discussion de l'interprétation on devra continuer à se reporter aux *Memorie* et aux *Rendiconti.* Ce qu'on a cherché à faire, c'est montrer quelle masse d'informations on peut tirer d'un tel dossier d'une cinquantaine de textes très brefs (*RV-28,* avec sa vingtaine de mots, est exceptionnel) et trop souvent mutilés. S'y profilent une nouvelle image de la langue osque méridionale, un nouveau visage aussi de la déesse Méfitis. C'est sur ce dernier point que, dans une perspective plus historique que linguistique, il a paru ici utile d'insister.

Il s'agit donc, pour l'essentiel, d'une enquête ponctuelle d'histoire religieuse. On a eu souci de la mener selon une démarche de type philologique, laissant aux documents la primauté sur les doctrines. Des documents, il semble que la fouille nous en ait apporté assez pour qu'une première esquisse du personnage de Méfitis soit désormais tentable.

RÉFÉRENCES

ABRÉVIATIONS BIBLIOGRAPHIQUES

NOS ÉDITIONS ET COMMENTAIRES :

Ross. I (mars 1967) = *Rev. Et.Lat.* XLV, 1967, p. 194-202 (Caprotina), 202-221 et pl. I - III (Le culte de Méfitis à Rossano di Vaglio), 221-231 (Répertoire théonymique de l'épigraphie osque).

Ross. II (sept. 1969) = *Parola del Passato* fasc. CXXVII, 1969, p. 281-302 (Seconde note sur le sanctuaire lucanien de Rossano di Vaglio).

Ross. III (oct. 1970) = *Memorie dei Lincei,* s. VIII, vol. XVI, 1971, p. 47-83 et pl. I - XX (L'épigraphie osque de Rossano di Vaglio).

Ross. IV (fév. 1971) = *Comptes-rendus Ac. Inscriptions* 1971, p. 52-69 (Epigraphie d'un sanctuaire lucanien).

Ross. V (oct. 1971) = *Rendiconti... dei Lincei,* s. VIII, vol. XXVI, 1971, p. 663-684 et pl. I - V (Inscriptions de Rossano di Vaglio 1971).

Ross. VI (oct. 1971) = *Atti del convegno di studio su le genti della Lucania antica* [Potenza 1971], Roma 1974, p. 81-89 (Langue et civilisation des Lucaniens).

Ross. VII (oct. 1972) = *Rendiconti... dei Lincei,* s. VIII, vol. XXVII, 1972, p. 399-414 et pl. I - VII (Inscriptions de Rossano di Vaglio 1972).

Ross. VIII (oct. 1972) = *Economia e società nella Magna Grecia* [Convegno di Taranto 1972], Napoli 1973, p. 335-337 (Observations sur les inscriptions de Rossano).

Ross. IX (déc. 1976) = *Rendiconti... dei Lincei,* s. VIII, vol. XXX, 1975, p. 319-339 et pl. I - VI (Inscriptions de Rossano di Vaglio 1973-1974).

Ross. X (juill. 1980) = *Rendiconti... dei Lincei,* s. VIII, vol. XXXV, 1980, p. 445-446 et pl. I - IV (Inscriptions de Rossano di Vaglio 1974-1979).

Ross. XI (mars 1986) = *Comptes-rendus Ac. Inscriptions* 1986, p. 202-13 (Méfitis, déesse osque).

Ross. XII : le présent travail.

AUTRES TRAVAUX :

Anthr. (1976) = M. Lejeune, *L'anthroponymie osque.*

Ca. = E. Campanile, *Studi sulle magistrature...* (1979).

LDIA = *Lingue e dialetti dell'Italia antica* (1978; a cura di A.L. Prosdocimi).

MPM = M.P. Marchese, *St. Etr.* XLII (1974), p. 401-428 : recension de *Ross.* I -VII et de *OGr. I-II* — Le même auteur, dans *LDIA* (1978), p. 897-901, ne fait que résumer la recension précédente (et, à cette date, ignore encore *Ross. IX*).

OGr. I (nov. 1970) = M. Lejeune, *Rev. Phil.* LXXII, 1970, p. 271-316 (Phonologie osque et graphie grecque, I).

OGr. II (oct. 1972) = M. Lejeune, *Rev. Phil.* LXXIV, 1972, p. 5-13 (Phonologie osque et graphie grecque, II).

Ra. = G. Radke, *Die Götter Altitaliens,* 1979.

Ve. = E. Vetter, *Handbuch der italischen Dialekte* I (1953).

RÉPERTOIRE DES INSCRIPTIONS

RV-01 : Ross. I, p. 212 [et pl. I-2]; *II,* p. 289; *III,* p. 52 [et pl. I].

*RV-02 : Ross. I, p. 213; *II,* p. 290; *III,* p. 54.

*RV-03 : Ross. I, p. 213; *II,* p. 291; *III,* p. 54.

*RV-04 : Ross. I, p. 213; *II,* p. 291; *III,* p. 54.

*RV-04 bis : Ross. II, p. 291; *III,* p. 54.

RV-05 : Ross. I, p. 214 [et pl. II - 1]; *II,* p. 291; *III,* p. 55 [et pl. II].

RV-06 : Ross. I, p. 219 [et pl. II - 2, III]; *II,* p. 292; *III,* p. 56 [et pl. III].

RV-07 : Ross. II, p. 294; *III,* p. 57 [et pl. IV].

RV-08 : Ross. II, p. 295; *III,* p. 57 [et pl. V].

RV-09 : Ross. III, p. 58 [et pl. VI - 1]; *IX*, p. 319 [et pl. I - 2].

RV-10 : Ross. III, p. 58; [et pl. VI - 2].

RV-11 : Ross. III, p. 58 [et pl. VII]; aussi, *IV* [fig. 5].

RV-12 : Ross. III, p. 60 [et pl. VIII]; aussi, *IV* [fig. 4].

RV-13 : Ross. III, p. 62 [et pl. IX].

RV-14/-15/-16/-48 : Ross. III, p. 64 [et pl. X, XI]; *X*, p. 447 [et pl. I - 2, II - 1].

RV-17/-42 : Ross. III, p. 66 [et pl. XII]; *IX*, p. 320 [et pl. II].

RV-18 : Ross. III, p. 66 [et pl. XIII]; aussi, *IV* [fig. 6].

RV-19 : Ross. III, p. 69 [et pl. XIV].

RV-20 : Ross. III, p. 71 [et pl. XV].

RV-21 : Ross. III, p. 72 [et pl. XVI]; aussi *IV* [fig. 7].

RV-22 : Ross. III, p. 73 [et pl. XVII]; aussi *IV* [fig. 8].

RV-23/-24 : Ross. III, p. 74 [et pl. XVIII-1, -2].

RV-25 : Ross. III, p. 75 [et pl. XIX].

RV-26 : Ross. III, p. 75 [et pl. XX].

RV-27 : Ross. V, p. 663 [et pl. I]; ici, lecture nouvelle après révision.

RV-28 : Ross. V, p. 667 [et pl. II, III].

RV-29 : Ross. V, p. 679 [et pl. IV - 1].

RV-30 : Ross. V, p. 680 [et pl. IV - 2].

RV-31/-43 : Ross. V, p. 681 [et pl. IV - 3]; *IX*, p. 323 [et pl. III - 1].

RV-32 : Ross. VII, p. 399 [et pl. I].

RV-33 : Ross. VII, p. 403 [et pl. II - 1].

RV-34 : Ross. VII, p. 406 [et pl. II - 2].

RV-35 : Ross. VII, p. 408 [et pl. III].

RV-36 : Ross. VII, p. 411 [et pl. IV - 1].

RV-37 : Ross. VII, p. 413 [et pl. IV - 2].

RV-38 : Ross. VII, p. 414 [et pl. V]; *IX*, p. 325 [et pl. III - 2].

RV-39 : *Ross. VII*, p. 414 [et pl. VI].

RV-40 : *Ross. VII*, p. 414 [et pl. VII].

RV-41 : *Ross. IX*, p. 326 [et pl. IV - 1].

RV-42 : voir *RV-17*.

RV-43 : voir *RV-31*.

RV-44/-50 : *Ross. IX*, p. 326 [et pl. V]; *X*, p. 450 [et pl. III - 1].

RV-45 : *Ross. IX*, p. 330 [et pl. IV - 2].

RV-46 : *Ross. IX*, p. 334 [et pl. VI].

RV-47 : *Ross. X*, p. 446 [et pl. I - 1].

RV-48 : voir *RV-14*.

RV-49 : *Ross. X*, p. 449 [et pl. II - 2].

RV-50 : voir *RV-44*.

RV-51 : *Ross. X*, p. 452 [et pl. III - 2, IV - 1].

RV-52 : *Ross. X*, p. 454 [et pl. IV - 2].

RV-53 à *RV-57* : inédits.

TEXTES

Les inscriptions ici reprises en une liste d'ensemble *(RV-01 à RV-57)* ont *toutes* été trouvées à Rossano. Mais il faut noter que *certaines* d'entre elles sont des *apports du dehors* : ce sont les tuiles de couverture provenant, à des époques diverses, d'ateliers dont nous ignorons les localisations; on y lit : une estampille osco-grecque *(RV-09 :* des tuiles de même provenance ont été identifiées à Città di Tricarico), des estampilles latines *(RV-23/-24; RV-41),* une fois même un graffite (ludique ?) osco-latin tracé à l'atelier avant cuisson (fragments *RV-14, -15, -16, -48* d'une même tuile)

Les documents *RV-01* à **RV-04 bis* sont issus de trouvailles de surface au XIXème siècle (l'astérisque signalant les pierres aujourd'hui perdues); *-05* et *-06,* de trouvailles de surface de notre siècle; *-07* et la suite proviennent des fouilles, avec numérotation dans l'ordre des découvertes entre 1969 et 1986 (*-53* à *-57,* inédits).

La majorité des inscriptions est de langue osque, et tracée dans un alphabet adapté du grec (voir *OGr.*). Les exécutants ont eu des usages divers quant à la séparation des mots (voir plus loin, § 3). Sont en graphie continue les textes *-07, -11, -27, -30, -35, -44, -52;* mais, tout en signalant à chaque fois cet état de choses (par la mention abrégée : *gr. cont.*), nous avons, pour la commodité du lecteur, séparé par un blanc interprétatif les mots successifs d'une même ligne. (Invérifiable est l'usage suivi dans les documents perdus **-02, *-03, *-04*).

Cela rappelé, voici la liste des textes, résultant de notre travail initial de publication et de discussion, auquel nous engageons le lecteur à se reporter (références ci-dessus).

-01 :   στατις
            αϝδειες . στα
            κϝαις

*-02 :   ... κϝ]αιστορ . σε[νατηις . ταγγινοδ ...

*-03 :   ...οπσαννομ   δεδε]δ εισειδομ [προϝαττεδ]

*-04   (solidaire de *-07 ?* § 17)
      :   ...τρει]μωνωμ με[ϝιτηις ...

**-04*bis : .?.] *uen*   .   *u<t>ian<ae>* [.?.

-05 :   ϝενζηι . μεϝ[ιτ.]

-06 : [μ]εϝιτηι
κατοροιννα[ι]

-07   (solidaire de *-04 ? § 17)   (gr. cont.)
   :   ...]ωμ προ[...

-08   (solidaire de -49 ? § 4)
   :   ...]δι[...

-09 : Ϝε . κ[αρ]

-10 : ...]μα[...

-11 : στενις τιτιδιες   (gr. cont.)
ο[ ]κηις μεϝιτηι
ουτιαναι β[ρ]αιτ
ηις δατας

-12 : [ ]νετεϝς
πεηετεϝς

-13 : ...]de . [...

-14, -15, -16, -48 : trois fragments (-14 et -16 sont jointifs), de positions relatives non déterminables, d'un graffite sur tuile

...]u̯eirtis . [...
...]z̯aie̯.[...

...]a̯sin̯ [...
...]aro̯ [...

...]ma̯ [...
...]u̯rtio̯ [...

-17, -42   (dédicace jumelée avec -18) :

λωϝκις . νανονις . σπελληις
κϝαιστορ. σενατηις
τανγινοδ . αϝααματεδ
    διωϝηις

-18   (dédicace jumelée avec -17, -42) :

λωϝκις . νανονις . σπελλ[ηις
κϝαιστορ. σενατηις
τανγινοδ . αϝααμα[τεδ]
    διωϝιιας . διομανα[ς]

-19 : ζωϜηι
πιζηι

-20 : [...?...]
δουνακλ
ο̣μ

-21 : μεβιτηι
αραϜιναι

-22 : ...]acerrǫ[nius
...m]eﬂtis. ụ[tianae...

-23 : lusiur̤ecṳ[...

-24 : lu]siurecṳ[...

-25 : [...   ...] κηις
[...   ...]

-26 : μεϝιτηι
αραϜιναι

-27 : [...   ...]α̣λλιες δεκμας   (gr. cont.)

-28 : ηηιρενς . πωμπονις
ηηιρ.λωϜκ. ποκιδ. Ϝα
κενσορτατηι. πωμϝοκ
σεγονω. αιζνιω. ρεγο
πσανω. ειν. στα̅βαλανο
σενατηις. ανγινοτ . αϝα̣μ̣α̣τε̣τ
ειζιδομ . πρω̅ϝα̣τε̣δ. κωσιτ͡

         ΝΗΙΙΗΠ͡Δ

-29 : [.?.
p [...
[.?.

-30 : [.?.   (gr. cont.)
[...   ] προfα̣[ττεδ...
[τανγι]γοδ π [...

-31, -43 (débris, de positions relatives non déterminables, d'une
plaque de marbre)
ΙΙ Ι̣[Ι...
d̤[...

[...]ụ . d. d̤[...

[...]ṇc [...

[...]cr̦ [...
[...]ṳ [...

-32 : [...   ...iu]s . n . f . c . full[ius
      [...   IIII .] uir. i[u . dic.
      [mefiti .] utianae

-33 : μαμερτει
      μεfιτανοι

-34 : ...]ṆΨΗΔ[...
      ...δ]ε̣δε̣[δ ...

-35 : νυμυλοι μεfιτανοι νυμ   (gr. cont.)
      υλοι μαμερτιοι οιναι νυ
      [μυλιαι]

-36 : λευκιος
      [ ]ΚΚ΄

-37 : n . be[...
      [...

-38 : [...]rius. ₥
      [...i]us. cn. f
      [...   ...]qui
      [...   ...]don

-39 : [.?.   ]
      [...]βλ[...]
      [.?.   ]

-40 : [.   ...]ṳs
      [...   ...]ṳs
      [...

-41 : acer̦

-42 : voir -17

-43 : voir -31

-44, -50 :   (gr. cont.)
      μεfιτει μαρας
      σταλλιες βρα
      τεις δατας

-45   (menus débris d'une plaque de marbre, ou peut-être de deux, avec fragments de dédicace(s) latine(s) qu'on ne peut restituer)

[... *II]II . u̢[i]r̢ . i̢[ure dicundo* ...]
[...]t̢i̢a̢[...]u̢[...   ...]

IIII̢ u̢[ir...   ...]

[... *mef]i̢t̢i̢ .u̢[tianae ...*   ...]

-46   (menus débris d'une grande plaque de marbre pour laquelle on pourrait, entre autres possibilités, envisager une restitution hypothétique comme la suivante) :

[*ioui . et .*]m̢[*efiti*]
[*cn . *] *ruf*[*reni*]u̢*s . *ç[*n . f . cla*]r̢u̢[*s*]
[*p . ahius . *]*p . f*[*. IIII uir . *]i̢[*ure dicu*]n̢*do*
[*pro . municipio . potentino*]r̢*um*

-47   (pour mémoire : illisible)

-48 :   voir *-14, -15, -16*

-49   (peut-être fragment du même texte que *-08 ?* § 4)
...]γς

-50 :   voir *-44*

-51 :   γναρ
       σλαβιε
       ς

-52 :   [......]αματομ   (*gr. cont.*)
       [....]υξκ homοι
       [ενε]μ υδοι μεfι
       [τιαις]

Inédits (fragments d'inscription(s) latine(s) trouvés en 1981)

-53   (inv. 70749; vestiges de deux lignes; à la seconde, portion, initiale ou non, d'un gentilice)

...] ? [...
...] *mat* [...

-54   (inv. 70750; restes d'indication de filiation du dédicant; rien au-dessous)

...] . *f*[. ...

-55   (inv. 70752; fin de nom propre)

…]*us*

Nouveaux inédits (fragments d'inscriptions osques trouvés en 1986)

-56   (début d'une dédicace sur deux lignes)

διοϜηι[…
τιτιδιες[…

-57   (fin d'une brève dédicace sur trois lignes)

[   ]οϝ
[βρα]τες
[δατ]ας

INDEX DES MOTS

1) En écriture et langue grecques

λευκιος (nom grécisé d'un Lucanien) -*36*

2) En écriture grecque et langue osque

αϜδειες (gentilice masc., nomin.) -*01*
αιζνιω (adj. acc. n. pl. : «ahenea») -*28*
...]αλλιες (gentilice masc., nomin.) -*27;* cf. σταλλιες ?
...]αματομ (partic. passé n. sg. : «consecratum» ?) -*52*
αν- (préverbe); voir αϜααματεδ
[απεξ]υ{ξ}κ ? (adv. «abhinc» ?) -*52*
αραϜιναι (adj. dat. f. sg. : «*aruinae») -*21, -26*
αϜααματεδ -*17/42,* αϜααμα[τεδ]- *18,* αϜαματετ- *28* (parf. 3ᵉ sg. :
    «iussit»)
...] βλ[... -*39*
β[ρ]αιτηις -*11,* βρατεις -*44/50,* [βρα]τες -*57* (subst. gén. sg.
    «gratiae»)
γναρ (nomin. masc. de prénom) -*51*
δατας (partic. passé gén. f. sg. : «datae») -*11, -44,* [δατ]ας -*57*
δ]εδε[δ (parf. 3ᵉ sg. : «dedit») -*34*
δεκμας (subst. gén. f. sg. : «decumae») -*27*
...]δι[... -*08*
δ{ι}ομανα[ς](subst. gén. f. sg. : «dominae») -*18*
διοϜηι (théon. dat. m. «Ioui») -*56;* διωϜηις (gén. «Iouis»)-*17;* voir
    aussi ζωϜ-
διωϜιιας (adj. gén. f. sg. : «Iouiae») -*18*
.., ε]δ (finale de parfait 3ᵉ sg.) -*03*
ειν(ειμ) -*28,* [ενε]μ ? -*52* (conjonction «et»)
εισειδομ   *03,* ειζιδομ   *28* (pron. nomin. m. sg. : «idem»)
Ϝα( ), abréviation d'un prénom masc. (au gén.) -*28*
Ϝε( ), abréviation d'un prénom masc. (au nomin.) -*09*
Ϝενζηι (théon. dat. f. : «Veneri») -*05*
ζωϜηι (théon. dat. m. : «Ioui») -*19;* voir aussi διωϜ-
ηηιρενς -*28,* ηηιρ(ενηις) -*28,* nomin. et gén. d'un prén. masc.
ηομοι (subst. probablement f., dat. sg. : «terrae») -*52*
καποροιννα[ι] (adj. fém. dat. sg. : *caproniae») -*06*
κ[αρ] *09* (voir *Ross. IX*), abréviation d'un gentilice masc. (nomin.)
κενσορτατηι (subst. loc. f. sg. : «(in) censura») -*28*
κϜαιστορ -*17, -18,* κϜαισ(τορ) -*01,* [κϜ]αιστορ -*02* (subst. nomin. m.
    sg. : «quaestor»)
κωμ- (préverbe); voir κωσιτ
κωσιτ (présent 3ᵉ pl. «constant») -*28*
λωϜκις -*17, -18,* λωϜκ(ιωι) -*28,* nomin. et dat. d'un prén. masc.
...]μα[... -*10*
μαμερτει (théon. dat. m. : «Marti») -*33*
μαμερτιοι (adj. dat. m. sg. : «Martio») -*35*

μαρας (prénom masc., nomin.) -44
μεβιτηι-21 (théon. dat. f. «Mefiti»); voir aussi μεf-
μεf [...] -15 (dat., ou adj. dérivé dat. f. sg., du théonyme)
μεfι [...] -52 (gén., ou dat., ou adj. dérivé dat. f. pl., du théonyme)
μεfιτανοι (adj. dat. m. sg. : «apud Mefitim sito») -33, -35
μεfιτει -44, μεfιτηι-11, -26, [μ]εfιτηι-06, με[fιτηις]-04 (dat. et gén.
    d'un théon. f. : «Mefiti», «Mefitis»); voir aussi μεβ-
...]μωνωμ -04 (subst. n. acc. sg.)
ν( ) abréviation («nummis») -28 (et -34 ?)
νανονις -17, -18 (gentilice m. nomin.)
...]νετεfς : voir [σ]νετεfς
...]νς ? -49
νυ[μυλιαι] ? -35 (adj. f. dat. sg., dérivé du théon. suivant)
νυμυλοι -35, -35 (théon. dat. masc. sg.)
ο[-]κηις -11 (gén. d'un prén. masc.)
οιναι (théon. f. dat. sg.) -35
...]ωμ -07 (finale d'acc. sg.)
<ο>πσανω -28 (adj. verbal, acc. pl. n. : «facienda»)
ουτιαναι -11 (ethnique dat. f. sg. : «Vtianae»)
of -53 (abréviation d'un gentilice m. nomin.)
π [... -30 (éventuellement π[ροfτομ] : «dedicatum» ?)
πεhετεfς-12 (partic. prés. dat. pl. : «pientibus»)
πιζηι-19 (subst. dat. sg. : «fonti»)
ποκιδ(ιωι) -28 (gentilice masc. datif)
πωμπονις(gentilice masc. nomin.) -28
πωμfοκ(ος) ? -28 (adj. composé nomin. m. sg.; terme de la langue
    administrative, sens incertain)
προ[... -07 (préverbe)
πρωfατεδ-28, προfα[ττεδ-30 (parfait 3e sg. : «probauit»)
ρεγο-28 (subst. gén. pl. : «regum»)
σεγονω-28 (subst. acc. pl. n. : «signa»)
σενατηις -17/42, -18, -28, σε[νατηις] -02 (subst. gén. sg. : «senatus»)
σλαβιες -51 (gentilice masc. nomin.)
[σ]νετεfς ? -12 (théonyme dat. pl.)
σπελληις-17/42, σπελλ[ηις] -18 (gén. d'un prénom masc.)
σταβαλανο(adj. verbal acc. pl. n. : «erigenda») -28
σταλλιες-44 (gentilice masc., nomin.)
στατις-01, στα(ττιηις) -01, nomin. et gén. d'un prénom masc.
στενις-11 (prénom masc., nomin.)
*στι- (radical du présent «stare» en composition) : voir κωσιτ
τανγινοδ -17, -18, <τ>ανγινοτ -28, [τανγι]νοδ -30 (subst. abl. sg. :
    «(de) sententia»)
τιτιδιες-11, -56 (gentilice masc., nomin.)
υδοι (subst. dat. sg. : «aquae») -52
fααμα - (radical verbal : «iubere») : voir αfααματεδ
*fακ -; voir πωμfοκ(ος).

3) En écriture latine et langue osque

Bribes de mots, en *-14, -15, -16, -48.*

4) En écriture et langue latines

Bribes de mots en *-13, -29, -31, -40, -43.* Et de plus, noms et titres de magistrats (très mutilés; ici restitués exempli gratia), noms de tuiliers, théonymes.

MAGISTRATS

-22   *[Cn.] Acerro[nius*   *f·cos·]*

-37   *N · Be[titius*   *f ·]*
            [·   *f ·]*
            [IIII·uir·   ]*

-32   *[·*   *ius] N. f·*
            C·Full[ius   *f·]*
            [IIII·] uir·iu· [dic·]

-46   *[Cn·] Ruf[reniu]s·C[n·f· Cla]ru[s]*
            [*]P· f ·*
            [IIII·uir·]i[ure dicu]ndo
            [pro. municipio. Potentino]rum

-38   *[*   *]rius·ΛVV[·f·]*
            [*]ius. Cn. f.*
            [*IIII·uir·] qui·*

-45   *[*   *]*
            [*]*
            IIII·u[ir·   *]*

TUILIERS

-41   *Acer*
-23   *Lusi(us) V(e)recu(ndus) ?*
-24   *Lu]si(us) V(e)recu(ndus) ?*

DIEUX

-22   *[M]efitis. V[tianae]*
-32   *[Mefiti.] Vtianae*
-45   *[Mef]iti. V[tianae]*
-04bis   *Ven. V<t>ian<ae>*

APPENDICE

A titre d'*information latérale* on donne ici quelques textes d'inscriptions des deux sites épigraphiques les plus voisins de Rossano.

a) De *Serra di Vaglio,* avant-poste grec entre le haut Basento et le haut Bradano, émane une inscription unique (publiée dans *Ross.I,* p. 210 et pl. I); elle date du -IVème s., est en langue grecque : ἐπὶ τῆς | Νυμμέλλου ἀρχῆς *(gr. cont.)* et illustre l'hellénisation des Lucaniens du site; (voir § 2 sur un certain Λεύκιος, dédicant à Rossano, peut-être pèlerin venu de Serra).

b) De *Potentia* (fondation romaine du milieu du -IIème s.), nous avons (CIL X) quelques dédicaces d'époque impériale : une à Cérès Saisonnière (129, d'une prêtresse), une à Vénus Erycine (134, d'une femme, probablement prêtresse, datée de + 210), quatre enfin à Méfitis, témoignant du transfert du culte de Rossano à Potentia après la fin de l'ancien sanctuaire : §§ 15, 18).

130 : *Mefiti / sacrum*
131 : *Mefiti Vtianae / sacr(um) / M. Heluius / M. f. Pom(ptina) / Clarus Verulanus Priscus, / aed(ilis), IIIIuir, q(uaestor), quinq(uennalis), flamen / Romae et diui Augusti, curator / rei publicae Potentinorum / d(e) s(ua) p(ecunia)*
132 : *C. Mamius / Sex. f. Bassu[s] /, C. Eppius C. f. / Mefiti Vtia/nae donum*
133 : *Mefiti Vtian(ae) / sacr(um) / P. Men[e]ius C. f. /, Cn. Babullius Restitutus / IIIIuir(i) [d(e)] s(ua) p(ecunia)*

ÉCRITURE

DIALECTE

CHRONOLOGIE

1. Exception faite des fragments de tuiles à estampilles ou à graffites, de provenance extérieure *(RV-09, -14, -15, -16, -23, -24, -41, -48)*, les inscriptions émanent du sanctuaire et se répartissent en deux catégories.

La première (comprenant les trois quarts de nos documents) use de la langue osque méridionale et d'une écriture adaptée du grec; ces textes osco-grecs (appartenant aux phases A et B définies ci-après) s'étagent approximativement du milieu du -IVème s. à la fin du -IIème s.

La seconde (comprenant un quart de nos documents, mais presque tous extrêmement mutilés) use de la langue et de l'écriture latines (phase D, commençant aux environs de la Guerre Sociale, mais cessant, semble-t-il, juste avant le principat d'Auguste).

Fait défaut une phase transitoire *C (attestée, par exemple, à Bantia) avec notation de la langue osque en alphabet latin, et qui, d'existence brève, se situerait au tout début du -Ier s. [D'une telle épigraphie relève le graffite sur tuile *RV-14, -15, -16, -48*, à nos commentaires duquel nous renvoyons; cf. aussi MPM, p. 411. Mais c'est un document extra-rossanien].

2. Demeure à part de la classification ci-dessus la dédicace sur pierre (brève, mais complète) *RV-36* (peut-être du -IIIème s.), en langue et écriture grecques. Le texte s'en borne à un nom d'homme (λευκιος) et à quelques chiffres (montant de donation ?). Sont aberrants par rapport aux normes osques : 1° le phonétisme (*-eu-* au lieu de *-ou-*), 2° la morphologie (nominatif sg. en -ιος, au lieu du -ις des prénoms ou du -ιες des gentilices), 3° le mode de désignation (par simple idionyme, non par prénom + gentilice ± patronyme). C'est donc bien en grec que le dédicant a rédigé et fait graver le texte votif, que ce dédicant ait lui-même été un Grec ou un Lucanien hellénisé. Plutôt un Lucanien, doit-on penser : le nom Λεύκιος est rare en grec, alors qu'il pourrait s'agir d'une trans-position de l'osque LÚVKIS/λωϜκις (prénom), LÚVKIIS/λωϜκιες (gentilice), qui est fréquent (*Anthr.*, p. 87 sv. et p. 110), de même qu'à Serra di Vaglio (*Ross.I*, p. 210) l'«archonte» νυμμελος est un Lucanien hellénisé du nom de **numel*. On peut alors se demander si le dévot de *RV-36* n'arrive pas, tout bonnement, de Serra.

3. La chronologie de nos inscriptions est malaisée à fixer, et ne saurait viser à aucune précision. On peut, le cas échéant, recourir à un critère externe (contexte archéologique : § 4) et à des critères internes (orthographiques : § 5; graphiques : §§ 7-9; phonétiques : §§ 10-14).

Sur orthographe, écriture, phonétisme, il est renvoyé aux analyses très détaillées données dans *OGr*.I et *OGr*.II, dont on se bornera à utiliser ici les conclusions.

Cependant, grâce aux inscriptions postérieures à *RV-26,* il y a lieu d'ajouter des précisions aux indications jadis données (*OGr*.I, p. 279) sur l'individualisation des mots dans l'écriture. Ces précisions, qui concernent Rossano seulement, sont les suivantes : *entre deux mots successifs d'une même ligne,* on constate :

à date A, graphie continue *(RV-35, -52);*

à date B
{ soit graphie continue *(RV-07, -11, -27, -30, -44),*
{ soit interponction simple *(RV-01, -05, -17, -18, -28).*

D'où présomption d'une réforme qui se serait introduite au cours (peut-être, vers le milieu) de l'époque B à Rossano, réforme sans doute inspirée des usages de l'écriture osco-étrusque.

4. Au cours des vicissitudes qu'a connues le sanctuaire, beaucoup de nos pierres inscrites se sont trouvées déplacées, voire remployées plus ou moins loin de leur site originel; le lieu de trouvaille est donc rarement concluant. La nature de la pierre n'est significative pour son appartenance première à tel ou tel monument que si ce matériau n'a eu qu'un emploi bien délimité dans le sanctuaire (ainsi le grès jaunâtre friable dont a été construit, dans la seconde moitié du -IVème s., le monument dit «grande altare»). Encore sait-on que l'édifice en question a prêté ses parois pendant des générations et des générations à la gravure d'ex-voto, en sorte que, pour l'ensemble de telles inscriptions, le milieu du -IVème s. devient simplement un *terminus post quem* plus ou moins lointain. A l'exception, toutefois, du texte consacrant l'édifice et qui est, lui, contemporain de la construction. Mais dans l'exemple cité plus haut, un tel texte, parce qu'il n'en subsiste plus que des bribes infimes, ne peut plus être reconnu à son libellé; le seul indice qui nous oriente est la hauteur des lettres (de l'ordre de 10 cm) en *RV-08* et *RV-49,* s'accordant à l'hypothèse de la dédicace officielle d'un édifice de grandes dimensions (au sol, environ 22m x 3,5m).

Cette identification, donc, permet de situer *RV-08* et *RV-49* au -IVème s. Mais elle permet accessoirement, aussi, d'envisager diverses mises en place de ces fragments misérables dans un ensemble. Ainsi, imaginons que cette consécration officielle ait été écrite sur trois lignes : 1.1, datif(s) théonymique(s); 1.2, noms et qualités des magistrats dédicants; 1.3, formule verbale de consécration. Nous savons (à cause du blanc qui suit) que le fragment...]νς *(RV-49)* était final de ligne : il terminera alors, si le sujet était au pluriel, la 1.3 (prétérit 3e pl. en ... αττε]νς); s'il n'y avait qu'un sujet, le fragment *RV-49* est une finale de nomin. sg. d'un mot en *-no-,* par exemple d'un ethnique en *-āno-,* et convient à la fin de la 1.2., si le magistrat concerné était, disons, un [...κFαιστορ υτια]νς. Quant au fragment ...]δι[... *(RV-08),* il peut avoir appartenu à n'importe quelle ligne; il est bien regrettable qu'aucun indice précis ne vienne privilégier l'idée qu'il appartiendrait à un δι[οFει ...] initial de la 1.1, et que ce premier grand monument du sanctuaire aurait été dédié conjointement à Jupiter et Méfitis comme le sera clairement, plus tard, l'autel double *RV-17/RV-18.*

On a voulu illustrer par ce qui précède le jeu subtil qui s'instaure, à l'occasion, entre données épigraphiques et données archéologiques.

Parfois, mais rarement, les correspondances d'un ordre de données à l'autre sont évidentes; ainsi *RV-17* et *RV-18* sont très exactement réintégrables dans la structure d'autel dont nous conservons la base (voir *Ross.III* fig.7, p. 67, avec version améliorée *Ross. IX* fig. 1, p. 322). D'autre fois, ces correspondances sont hautement probables; ainsi pour l'appartenance de *RV-22* au grand portique (voir discussion *Ross.III* p. 73 sur la mise en place architecturale de l'entrecolonnement inscrit).

Mais ces cas favorables sont exceptionnels. Le plus souvent, tout indice matériel externe fait défaut, qui éclairerait nos inscriptions et aiderait à les dater.

5. Des critères internes de datation le plus fiable est l'orthographe. Vers -300 (à peu près à la même époque où est réformé l'alphabet osque d'ascendance étrusque), il intervient une réforme de la notation vocalique dans le domaine osco-grec; on en rappelle ici (cf. *OGr. I,* §§ 11, 17) l'essentiel :

	A (avant -300)	B (après -300)
diphtongue *ei*	ει	ηι
i fermé	ι	ι
i ouvert	ε	ει
e	ε	ε
a	α	α
o	ο	ο, ω
u	υ	ου
diphtongue *ou*	ου	ωF

A la phase A (seconde moitié du -IVème s.) à laquelle nous proposons, pour d'autres raisons (§ 4), d'assigner aussi *RV-08, -49,* on assignera donc, en fonction de l'orthographe :

— *RV-12* : [ ]νετεfς | πεhετεfς

— *RV-33* : μαμερτει Ι μεfιτανοι

— *RV-35* : νυμυλοι μεfιτανοι νυμΙυλοι μαμερτιοι οιναι
νυΙ[μυλιαι]

— *RV-44Ι-50* μεfιτει μαρας Ι σταλλιες βραΙτεις δατας

— *RV-52* : [......]αματομ Ι [απεξ]υ{ξ}κhομοι Ι [ενε]μ υδοι
μεfιΙ[τιαις]

A l'intérieur de cette petite série on peut raffiner encore sur la chronologie :

a) en observant que *RV-33* et *RV-35* sont contemporains : les deux inscriptions sont de même main et concernent l'installation, plausiblement simultanée, de Mars et d'un dieu mineur de la suite de Mars dans le sanctuaire;

b) en observant que *RV-52* (qui use, pour h, du tracé h2) est postérieur à *RV-12* (qui conserve h1) : voir fig. 1; il résulte de là que l'évolution h1 → h2 a précédé la réforme des graphies vocaliques (non encore acquise en *RV-52*, où *u* s'écrit υ);

c) en observant que *RV-52* (ou *f* est *f*2a) est postérieur, d'autre part, à la fois à *RV-12, RV-33, RV-35* (où *f* est encore *f*1).

6. Tous les autres documents osco-grecs seront assignés à la phase B, laquelle couvre deux siècles (en gros de -300 à -100).Mais, avec bien des réserves, paraît tentable, pour certains au moins des documents B, une distribution chronologique entre les premiers temps (B[1]) de cette phase et ses derniers temps (B[2]), sans qu'on puisse être plus précis (et sans, par exemple, identifier rigoureusement B[1] à -IIIème s., B[2] à -IIème s.)

On recherchera de tels indices chronologiques dans l'évolution des tracés de lettres (§§ 7-9) et dans telle ou telle évolution phonétique (§§ 10-14).

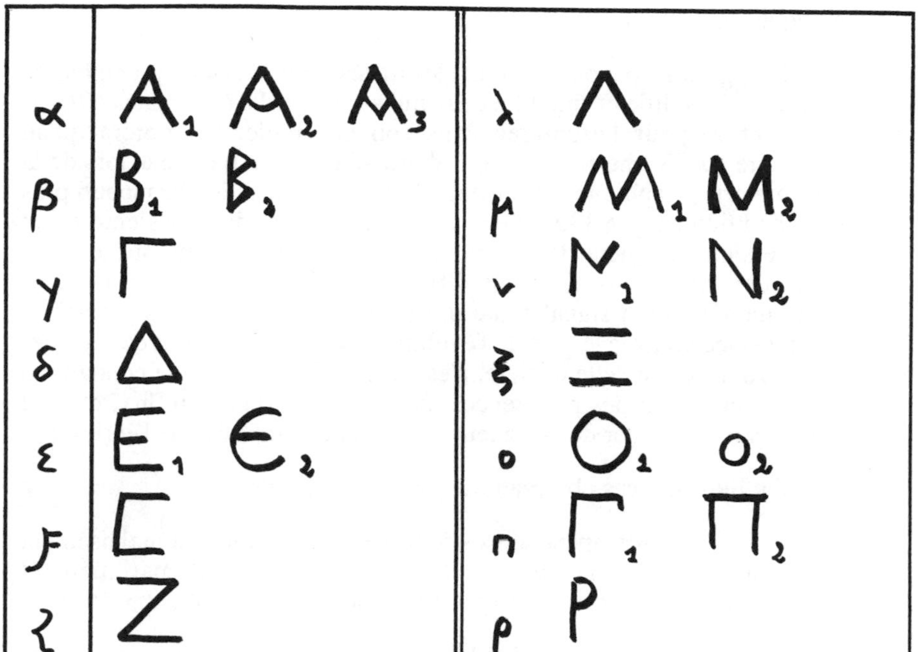

Fig. 1 — Schéma de l'alphabet de Rossano (avec lettres additionnelles η, ω après 300, et ζ après 150).

7. L'osque méridional n'est qu'une petite province du monde graphique hellénistique, et (sauf ƒ : § 9) les lettres osco-grecques ont évolué comme le faisaient ailleurs, aux mêmes moments, les lettres grecques (cf. *OGr.I*).

La figure 1 donne un schéma des tracés pour la seule épigraphie de Rossano; il modifie et simplifie ceux qui avaient jadis été donnés (*OGr.I,* fig. 1 et 2) pour l'osco-grec dans son ensemble. On notera qu'au répertoire du -IVème s., il y a eu d'abord addition de η et de ω lors de la réforme orthographique des années -300 : § 5, et ensuite, beaucoup plus tard, addition de ζ: § 13*c;* toutes les lettres ne sont donc pas entrées en service simultanément. Il est fréquent qu'une lettre ait eu, successivement, des tracés plus ou moins différents. Ces tracés sont ici affectés d'une numérotation signalétique qui essaie d'être, au moins grossièrement, en accord avec le sens de l'évolution. Mais est-il besoin de rappeler que l'évolution, en cette matière, n'est jamais linéaire, qu'elle connaît, au gré des modes ou des préférences individuelles, flux et reflux, et qu'il serait vain d'attribuer de la rigueur aux datations inférées de l'écriture ?

On illustrera ces observations par trois exemples :

a) Il y a des «tempéraments» de scribes qui les rendent malaisément classables. Ainsi le lapicide de *RV-52,* au style systématiquement baroque, avec des tracés qui n'appartiennent qu'à lui (comme υ_2, etc.).

b) Il y a des scribes probablement tardifs, mais qui (au moins dans les documents officiels) croient donner une présentation noble à leur texte en usant d'une graphie archaïsante (au reste, non cohérente). Ainsi le lapicide de *RV-28,* que le phonétisme du texte invite à situer à la fin du -IIème s. (époque B^2; voir discussion aux §§ 17-20 de *Ross.V*), s'efforce d'imiter une écriture du -IIIème s., mais non sans maladresse (μ_1, mais ν_2); on peut même se demander si ses σ_2 et ω_1, dont nous n'avons pas d'autres exemples à Rossano, ont bien été, à un moment donné, rossaniens, ou ne sont pas plutôt des emprunts individuels directs au modèle grec.

c) Le cas le plus curieux est celui du lapicide des dédicaces de l'autel double *(RV-17* et *-18).* Dans le texte administratif de trois lignes (mentionnant sénat et questeur), identique en *-17* et en *-18,* il use (voir § 8*b*) de ε_2 et de σ_3, formes lunaires sans doute courantes à l'époque du document (vers -200 ?). Mais dans la quatrième ligne (manifestement de même main) qui proclame, en lettres de plus grand format, l'appartenance de chaque autel (διωϜηις en *-17;*   διωϜιας δ{ι}ομανα[ς] en *-18*), dans la portion proprement religieuse, donc, du texte, il fait appel à un graphisme archaïsant avec σ_1(et probablement trouverait-on, aussi bien, ε_1 si l'un ou l'autre théonyme avait comporté un ε).

8. Ne sont porteuses d'aucune inférence chronologique les variations α_1 / α_2 / α_3 (les trois formes déjà en phase A : *RV-33, -35; -52;*

-44), ou β_1 / β_2, ou o_1/o_2 (différence de format), ou υ_1 / υ_2 (cf. § 7*a*). Sur ω_1/ω_2 , voir § 7*b*.

Sont en revanche significatives pour la datation les variations $\varepsilon_1/\varepsilon_2$, h_1 / h_2, μ_1/μ_2, ν_1/ν_2, π_1/π_2, σ_1/σ_3(sur σ_2, cf. § 7*b*).

a) Sont propres à la phase A les tracés h_1 *(RV-12)*, μ_1*(RV-33, -35, -44;* sur une résurgence artificielle en *RV-28*, voir § 7*b*), ν_1*(RV -12, -33, -35, -49)*, π_1*(RV-12)*.

Sont de date B les tracés h_2 *(RV-28)*, μ_2*(RV-05, -07, -11, -17, -18, -20, -21, -26, -27;* mais déjà, à date A, emploi précoce de $\mu_2$dans *RV-52)*, ν_2*(RV-05, -06, -07, 11, -17, -18, -20, -21, -26, -28* [bien que μ y soit μ_1], *-30, -51)*, π_2*(RV-06, -07, -17, -18, -28, -30)*.

b) Plus tardive (d'un siècle peut-être) que les variations précédentes est la substitution progressive de ε et σ lunaires à ε et σ angulaires. Si nous laissons de côté les réactions archaïsantes mentionnées plus haut (§ 7*b, c)*, les témoins de cette évolution sont les suivants. En phase A, ε_1 et σ_1 en *RV-12* et *RV-44*. En phase B (mais sans doute en phase B[1]), ε_1 et σ_1 en *RV-11, RV-27, RV-51*. En phase B (mais sans doute en phase B[2]), ε_2 et σ_3 en *RV-17, -18* (dans les trois premières lignes) et en *RV-01*. On ne peut suivre les faits de plus près, faute de données, en particulier sur le parallélisme entre ε et σ; manque d'exemples de σ en *RV-33, -35* '(qui ont ε_1) et *RV-05, -06, -21, -26* (qui ont ε_2).

9. Etranger au répertoire grec, le *f* que s'est donné l'osque méridional a d'abord eu un tracé analogue au θ grec (*f₁*) puis un tracé (*f₂*) analogue, au départ, à *S* du latin; mais *f₂*, n'étant pas «encadré», comme les autres lettres, dans les paradigmes graphiques hellénistiques, a connu (de *f₂ₐ* à *f₂ₑ*) une évolution «sauvage»; accessoirement, dans son orientation (*f₂ₑ*); essentiellement, dans son dessin, qui tend vers un trait oblique vaguement ondulé (*f₂ₑ*).

Références : pour *f₁*, *RV-12, RV-33, RV-35* (tous textes de phase A); — pour *f₂ₐ*, *RV-52, RV-17, RV-18;* pour *f₂ᵦ*, *RV-26, RV-28, RV-44;* pour *f₂ᵨ*, *RV-11;* pour *f₂ₔ*, *RV-05;* pour *f₂ₑ*, *RV-06, RV-30*.

La substitution, au type *f₁*, du type *f₂* est antérieure à la réforme orthographique des années -300, puisque les textes d'époque A ont, les uns *f₁ (RV-12, -33, -35)*, les autres, déjà, *f₂ (RV-44, -52)*. A l'époque B règne le seul type *f₂*, dont les formes les plus dégradées (*f₂ₑ* : *RV-06, RV-30*) ont chance d'appartenir à la fin (B[2]) de la période.

10. Les particularités phonétiques qui se manifestent dans l'osque de Rossano sont, elles aussi, porteuses de présomptions pour la datation des textes.

Nous avons discuté ces questions, dans *OGr.I*, puis (compte tenu de *RV-28*) dans *OGr.II*, pour l'ensemble de l'osco-grec. De ces discussions nous ne retiendrons ci-après, succinctement, que ce qui concerne Rossano même.

Mais il convient, préalablement, de marquer à quel point la connaissance du lucanien est venue modifier l'image qu'on se faisait de l'osque comme la plus stable, phonétiquement, des langues italiques (l'exception du texte de Bantia, du début du -Ier s., demeurant unique, et quelque peu monstrueuse). Le rossanien tardif, de la fin du -IIème s. (phase B^2), nous livre, entre l'osque classique et celui de Bantia, le chaînon manquant. On voit désormais que l'osque méridional (au sud de la Campanie et de l'Hirpinie) avait des particularités dialectales propres. Et l'on voit aussi que cet osque méridional, quand nous le perdons de vue après la Guerre Sociale, était engagé dans un processus accéléré de dégradation phonétique.

11. Bref rappel, d'abord, de quelques faits qui, pour la chronologie de nos textes, sont d'importance mineure.

a) En *RV-18,* le lapsus allitérant διωϜιας . δ{ι}ομανα[ς] (sic, pour *δομανα[ς]«dominae») n'est pas (malgré MPM, p. 421) imputable, même partiellement, au phonétisme dialectal; l'attaque palatale d'une voyelle vélaire après consonne dentale en osque affecte *u* seulement, et on n'en a pas d'exemple après *d-;* noter d'ailleurs que *do-* n'est pas altéré à Bantia *(dolom, dolud).*

b) En regard de τανγινοδ αφααματεδ (devant pause; *RV-17, -18),* le scribe de *RV-28* écrit <τ>ανγινοτ . αφαματετ ειζιδομ mais πρωφατεδ (devant pause); cette indifférence à la sonorité en fin de mot, s'il est vrai que Bantia l'ignore (nombreux exemples de finales régulières *-id, -ad, -ud),* n'est pas pour autant une singularité individuelle de ce lapicide : on la retrouve à Anzi (Ve. 184 : πωτ, εσοτ), et il faut bien y voir l'affleurement sporadique d'une tendance phonétique lucanienne.

c) Sporadiquement, diphtongaison d'un *a* en *ai* ou d'un *o* en *oi* devant consonne suivie de *i* ou *y* (la consonne ayant été l'agent transmetteur de la palatalisation). L'exemple le plus clair est le nom *brāti-* de la «faveur» : β[ρ]αιτηις en *RV-11,* en regard du régulier βρατεις en *RV-44.* Même explication probable pour καπορoιννα[ι] *RV-06* reposant sur un *καπρονια- (le groupe *-ny-* ayant, de son côté, évolué vers *-nn-* : § 13*b).*

12. Les faits essentiels concernent certaines consonnes soit entre voyelles soit devant yod.

a) A des époques probablement diverses, et avec des extensions dialectales éventuellement inégales, l'osque a connu des altérations de consonnes intervocaliques, sur lesquelles l'écriture ne nous informe que pauvrement, et tardivement. D'une part, relâchement articulatoire de la plus débile des occlusives, la labiale sonore /b/, qui se spirantise en /v/. D'autre part, relâchement articulatoire des spirantes sourdes, qui se sonorisent : /f/ en /v/ et /s/ en /z/. Les /v/ et /z/ résultants, ayant statut de variantes combinatoires, non de phonèmes, ne requéraient pas de notations distinctes (la même lettre se lisant différemment selon sa position dans le mot, comme, p. ex. la lettre s dans le mot français *saison*); elles n'ont eu de notations propres que tard, et par accident.

L'existence de ces événements intervocaliques n'était, avant Rossano, soupçonnée que pour la sifflante. Estimant que le -r- issu de *-s- étymologique entre voyelles en latin et en ombrien devait avoir eu comme antécédent immédiat un /z/, les comparatistes étaient enclins à attribuer *aussi* à l'osque ancien un passage de /s/ à /z/ entre voyelles, cette sonorisation ne devenant apparente qu'*in extremis,* grâce à la présence de la lettre z dans l'alphabet latin de Bantia.

b) A Bantia, d'autre part, on reconnaissait deux types de palatalisations de consonnes devant yod. Pour liquides et nasales, gémination (de notation non constante) :

* *ly > ll*   (p. ex. *allo famelo*),

* *ry > rr*   (p. ex. *herest*),

* *ny > nn*   (manque d'exemples).

Pour occlusives dentales et vélaires, production d'affriquées (éventuellement simplifiées en sifflantes) :

* *ty* > * *ts* > *s*   (p. ex. *bansae*)

* *dy* > * *dz* > *z*   (p. ex. *zicolom*)

* *ky* > * *ks*   (p. ex. *meddixud*)

* *gy*   (manque d'exemples)

Mais, ponctuelles, localisées à l'extrême limite du domaine (aux confins de l'Apulie), datant de l'extrême fin de l'existence écrite de la langue, ces singularités, senties comme marginales et quelque peu incongrues, paraissaient mal intégrables à l'idée convenue qu'on se faisait de l'osque (§ 10).

13. Sur ces deux ordres de faits phonétiques, les données de Rossano ont renouvelé nos vues.

a) Des plus anciennes inscriptions aux plus récentes, le nom de la déesse s'écrit μεfιτ... *(RV-05, -06, -11, -26, -33, -35, -44, -52);* récente (date probable : B[2]), mais, à cette époque même, unique est la graphie occasionnelle μεβιτηι de *RV-21.* Elle comporte un double enseignement. Pour qu'entre voyelles ß et f soient ainsi devenus, à l'occasion, interchangeables, il faut qu'au plus tard à la date du document aient été acquises *et* la spirantisation de l'occlusive *et* la sonorisation de la spirante, l'une et l'autre consonne, en cette position, se prononçant désormais /v/.

Un second témoignage est fourni par la dédicace *RV-28* (de basse date, malgré une écriture qui se veut archaïsante); de **stə - dhlo -* (cf. lat. *stabulum*), l'osque a dérivé un verbe de 1ère conjugaison de thème *staf(a)lā -* (participe passé nomin. f. pl. **STAFLATAS**, Ve. 81); le gérondif correspondant apparaît en *RV-28* (à l'acc. pl. n.) sous la forme σταβαλανο

Mais, dans l'écriture latine de Bantia (Ve. 2), c'est *f* qui note la spirante intervocalique de *loufir*.

b) Pour liquide devant yod, pas d'exemple. Pour nasale devant yod, un exemple, tardif (fin du -IIème s. d'après l'écriture, notamment *f2e*) en *RV-06,* avec - *ny* - passé à - *nn* - (et, en outre, palatalisation de la voyelle précédente : § 11*c*) : καπορoιννα[ι] («*Caproniae*»); mais échappe à ce traitement (parce qu'une consonne précède) le - *ny* - de αιζνιω *RV-28*.

c) Pour dentale sourde devant yod, pas d'altération, à cause de la date de nos textes, dans μαμερτιοι *(RV-35,* phase A), ουτιαναι *(RV-11,* phase B[1]).

La dentale sonore devant yod, encore inaltérée (vers -200, semble-t-il) en *RV-17* (διωϜηις) et *RV-18* (διωϜιιας) est altérée en *RV-19* (phase B[2]) : ζωϜηι. Au moment où /dy/ est passé à /dz/, un problème de notation s'est posé, résolu par un tardif emprunt de ζ au répertoire grec.

Ce ζ a alors servi à noter des affriquées sonores d'autres origines, p. ex. dans la flexion des thèmes sigmatiques. Après syncope de la brève médiane, **pid(e)zei* (datif de **pidos*), **ven(e)zei* (datif de **venos*) ont donné *pidzei* et (avec épenthèse) *vendzei,* qu'à date B[2] nous trouvons écrits πιζηι*(RV-19)* et Ϝενζηι *(RV-05).*

d) Mais, assez rapidement semble-t-il, /dz/ s'est assimilé en /z/ et la lettre ζ est devenue capable de noter la sifflante intervocalique sonore, auparavant écrite avec le signe σ de la sourde (§ 12*a*). Ainsi (pour une prononciation inchangée) passe-t-on d'une graphie εισειδoμ *(RV-03)* à une graphie ειζιδoμ *(RV-28).*

Sonore aussi semble avoir été la sifflante quand elle était suivie de *n,* à en juger par l'orthographe αιζνιω («ahenea») de *RV-28*.

e) On le voit désormais, c'est à cette tradition osco-grecque, et non directement au répertoire grec, que l'écriture latine de l'osque (Bantia, début du -Ier s.) a emprunté la lettre *z*. Avec prononciation /z/, on l'y trouve notant, ainsi que dans l'osco-grec de Rossano finissant, à la fois le produit de **dy- (zicolom < *dyēklom)* et, entre voyelles, l'avatar sonore d'une sifflante *(eizazunc < *eisāsom-ke).*

14. Quelques mots de conclusion

a) Au passage, les données de Rossano apportent une information sur l'ancienneté de la sonorisation pour -*s*- intervocalique en osque, au moins en termes de chronologie relative : nos analyses de πιζηι < *pid(e)zei* et Fενζηι < *ven(e)zei* (§ 13*c*) conduisent à penser que -*s*- s'était sonorisé *avant* la syncope de la brève intérieure.

b) En ce qui concerne proprement le dialecte osque méridional, on distinguera entre apparition d'une notation nouvelle pour un phénomène qui peut être plus ancien (sonorisations : ειζιδομ, μεβιτηι) et apparition d'un phénomène nouveau (palatalisations : καπορoιvvαι, ζωFηι). C'est ce dernier groupe de faits qui, à travers des textes récents comme *RV-05, -06, -19, -28,* caractérise le rossanien tardif comme immédiat antécédent de l'osco-latin de Bantia.

c) La distinction entre osque méridional et osque septentrional (si l'on accepte de ranger ainsi ensemble Campanie, Hirpinie et Samnium) ne consiste pas seulement dans l'absence, au Nord, d'innovations qui, sur le tard, surgissent au Sud. Elle peut consister aussi en innovations divergentes au Nord et au Sud. Ainsi pour **dy-,* le radical théonymique **dyow-* en fournissant un clair exemple.

On lit successivement, en Campanie :

1) **DIUV-** avec orthographe ancienne (**U** pour *o*), et conservation de *dy-* : Ve. 74, 75, 76;

2) **IUV-** avec orthographe ancienne (**U**), mais **dy-* passant à *y-* : Ve. 89;

3) **IÚV-** avec orthographe réformée (**Ú** pour *o*), et **dy* -devenu *y-* : Ve. 8, 81, 82, 84, 86, 87.

On lit successivement en Lucanie :

1) διοF- avec orthographe ancienne (-οF- pour -*ow*-), et conservation de *dy-* : διοFηι *RV - 56* (pour la diphtongue, déjà -ηι), cf. [δ]ιοFιοι à Cività di Tricarico Ve. 183 (l'orthographe διουFει à Vibo, Ve. 187, est aberrante);

2) διωF- avec orthographe réformée (-ωF- pour -*ow*-), et conservation de *dy-* : *RV-17* (διωFηις), *RV-18* (διωFιιας);

3) ζωF- avec orthographe réformée (-ωF- pour -*ow*-), et **dy-* passant à *dz-* puis *z-* : *RV-19* (ζωFηι).

Les deux réformes orthographiques sont sensiblement contemporaines (aux alentours de -300). Les deux évolutions phonétiques sont non seulement divergentes, mais largement décalées dans le temps, la campanienne datant de la fin du -IVème s., la lucanienne de la fin du -IIème s.

LE SANCTUAIRE

SES TUTEURS

SES FIDÈLES

15. Sanctuaire de source, à l'écart de tout habitat mais au centre d'une constellation d'agglomérations indigènes distantes de quelques heures de marche (*Ross.II,* § 2), administré dès ses débuts (milieu du -IVème s.) jusqu'à la Guerre Sociale par l'une de ces communautés lucaniennes (la **touto utianom,* que nous ne localisons pas encore), témoin de la création, dans son voisinage, de la ville romaine de Potentia (milieu du -IIème s.), repris en mains après la Guerre Sociale par les Potentini qui substituent la tutelle romaine à celle des Utiani et poursuivent agrandissements et embellissements, brusquement abandonné (à la suite de quel désastre naturel ?) à l'extrême fin de la République (sans que disparaisse pour autant la dévotion à Méfitis, transférée à Potentia au début de l'Empire) : telle est l'image que l'on se forme aujourd'hui de ce lieu de culte qui s'est révélé si riche en monuments et en offrandes.

Comment notre épigraphie, toute clairsemée qu'elle soit, reflète-t-elle cette histoire ?

LES UTIANI ET LES POTENTINI

16. L'épigraphie seule mentionne les Utiani.

Premier temps (XIXème s.) : trois dédicaces latines *mefiti utianae,* de date impériale, ayant été trouvées à Potentia (CIL X 131, 132, 133), on se réfère à une *gens Utia* (cf. CIL IX 2655, 2691, 2975, X 3667) en supposant qu'elle avait, à Potentia aussi, un domaine, et que sur celui-ci avait été implanté un temple de Méfitis.

Second temps (première moitié du XXème s.) : à Rossano (10 km E de Potenza) sont fortuitement découvertes deux dédicaces osques à Méfitis assignables au -IIème s. *(RV-05, -06).* Nous avons alors supposé *(Ross.I,* 1968, p. 208) que le culte était passé des Lucaniens de Rossano aux Romains de Potentia, et que les Utiani (proprement, gens d'**Utia ?) ne seraient autres que lesdits Lucaniens. Nous nous sommes, de plus, demandé *(Ross.II,* 1969, p. 292) si, dans un fragment d'inscription latine de Rossano, perdu et connu par une copie d'aloi incertain (*VEN. VIANIA* Mommsen), il ne fallait pas deviner *Ven(eri) Utianae,* et trouver ainsi une confirmation de l'hypothèse ci-dessus.

Troisième temps : les fouilles amènent au jour, d'abord (1970), une dédicace osque μεfιτηι ουτιαναι *(RV-11)* et une dédicace latine *m]efitis u[tianae (RV-22)*, puis deux autres latines : en 1971, *[mefiti] utianae (RV-32)* et, en 1973, *mef]iti u[tianae (RV-45)*.

A Rossano même *(RV-22, -32, -45)* et plus tard à Potentia (CIL X 131 à 133), les Romains ont donc conservé à la déesse son épiclèse indigène, que nous atteste au -IIIème s. *RV-11*.

17. Notre épigraphie osque de Rossano couvre la seconde moitié du -IVème s. (phase A) puis les -IIIème et -IIème s. (phase B). Pendant tout ce temps, le sanctuaire a été sous tutelle lucanienne, et sa fréquentation, autant qu'on puisse voir, est essentiellement indigène (sur le cas du dédicant λευκιος, voir § 2).

a) De la **touto utianom* qui exerce cette tutelle, nous apercevons, à travers les dédicaces publiques, certaines institutions, un sénat *(RV-02 ?, RV-17 et -18, RV-28)* et des magistrats : la questure est mentionnée en *RV-01, RV-02, RV-17* et *-18,* la censure en *RV-28.* Sauf en *RV-01* (où la référence administrative ne va pas plus loin que la mention du titre κFαιστορ), nous voyons que c'est sur décision du sénat (σενατηις ταγγινοδ : *RV-17* et *-18, RV-28)* que le magistrat chargé, en l'espèce, du pouvoir exécutif (κFαιστορ en *RV-17* et *-18;* pour *RV-28,* voir ci-dessous 2) a donné l'ordre (αfααματεδ *RV-17, -18;* verbe précisé par construction gérondive en *RV-28),* et, l'ouvrage achevé, l'a déclaré conforme (εισειδομ προfαττεδ *RV-03, RV-28).* Cette organisation et ces procédures politiques, ici attestées par des documents des -IIIème et -IIème s., sont pareilles à ce que nous connaissons dans le reste du monde osque à la même époque.

Mais deux observations ponctuelles sont nécessaires.

1) La pierre *RV-07* est brisée à gauche; si la brisure, qui est rectiligne et verticale, s'est faite au long d'un élément de lettre, il peut s'agir de …]ιωμ, …]μωμ ou …]γωμ, ; supposant …]γωμ, nous avons pensé (*Ross.II,* p. 294) à un gérondif tel que [οπσαν]γωμ, «faciendum» en accord avec un nom d'édifice (éventuellement le mot en …]μωνωμ de *RV-04 ?*); mais il faudrait, à côté de «... faciendum dedit» (δεδεδ) ou «... faciendum iussit» (αfααματεδ), supposer l'existence d'une autre formulation encore (verbe à préverbe προ-) et notre suggestion d'alors, προ[ffεδ], ne nous paraît plus défendable. Si la trace supposée avant …]ωμ n'est qu'une modalité accidentelle de la cassure, redevient possible le banal εισειδ]ωμ προ[ffαττεδ] («idemque probauit»); de cette autre façon, *RV-07* pourrait être portion (finale) du même texte que *RV-04*. Ou bien encore, il faut renoncer à toute restitution pour les deux mots de *RV-07*.

2) Le document *RV-28* continue à faire difficulté; de toute façon, il constitue un hapax, par sa rédaction exceptionnelle, dans notre corpus osque de procès-verbaux administratifs. Les verbes étant au singulier

(αφαματετ, πρωφατεδ), il ne peut y avoir qu'un sujet (H.P. fils de H.) et la formule onomastique suivante (L.P. fils de V.), dont tous les éléments sont abrégés, ne peut donc être entendue qu'au génitif : ποκιδ(ιηις), comme détermination du datif ou locatif κενσορτατηι «censurae». On bute ensuite sur l'abréviation πωμfοκ(), et sur son rapport à κενσορτατηι . Posant un πωμfοκ(ος), composé dont le second terme évoquerait celui de *praefucus* à Bantia (Ve. 12, l. 23 : «praefectus»), nous aboutissions à une interprétation approximative comme «... Pomponius... Pucidio... in censura suffectus», sans en dissimuler les incertitudes morphologiques (peut-on, pour le premier terme, partir de *post-m(o) - > *posm(o) - ?) et institutionnelles (à Rome, du moins, n'existe pas, pour la censure, la suffectio, remplacement, en cours de mandat, d'un magistrat décédé). Se sont montrés sceptiques et Ca. (p. 26 sv.), qui d'ailleurs passe entièrement sous silence le mot πωμfοκ, et MPM (p. 412 sv.) qui suppose soit un πωμfοκ(ος)*quinquifex*, titre du dédicant, soit un πωμfοκ(αι) «*quinquifici» qualifiant la censure, l'un et l'autre auteurs revenant à l'idée d'une simple datation éponymique pour λωfκ. ποκιδ. fα κενσορτατηι («sous la censure de P.»). Nous avions nous-même *(Ross. V)* songé en premier lieu à cette interprétation; nous avions hésité à la retenir parce que, dans une rédaction aussi minutieuse et détaillée que celle de notre procès-verbal, donnant jusqu'au prix précis de l'opération, il serait bien étrange que le magistrat qui met en oeuvre les décisions du sénat ne donne pas son titre (l'argument de Ca. tiré de la dédicace Ve. 163 à Mirabella Eclano ne vaut pas, la rédaction étant là suprêmement laconique : «Un Tel **FAMATTED**); et si le titre était l'obscur πωμfοκ(ος), il devrait suivre immédiatement le nom du dédicant sans en être séparé par une indication de date.

b) Exception faite du cas de λευκιος en *RV-36* (voir § 2), le caractère indigène des personnes qui, du -IVème au -IIème s., nous ont laissé des inscriptions se manifeste non seulement par l'usage de la langue osque, mais par l'onomastique.

Ces fidèles (tous des hommes) ont des dénominations du type : prénom + gentilice ± génitif du prénom paternel (référence patronymique facultative). Il est rare à Rossano que le premier élément ou le second soient abrégés *(RV-28, -57);* l'abréviation du gentilice est, de toute façon, exceptionnelle en osque; voir *Anthr.* Voici nos données; (en *-57,* la lacune initiale avant of, de l'ordre de trois lettres, suppose un prénom abrégé).

	PR	GE	PA
RV-01	στατις	αfδειες	στα( )
RV-17	λωfκις	νανονις	σπελλης
RV-18	λωfκις	νανονις	σπελλ[ης
RV-28	hηιρενς	πωμπονις	hηιρ( )
RV-28	λωfκ( )	ποκιδ( )	fα( )
RV-11	στενις	τιτιδιες	ο[ ]κης
RV-56	[ ]	τιτιδιες	[ ]

RV-25	[ ]	[ ]	[ ]κηις
RV-51	γναρ	σλαβιες	
RV-44	μαρας	σταλλιες	
RV-57	[ ]	of( )	

18. A dater de la Guerre Sociale, ce sont les Potentini qui vont, pour trois quarts de siècle, administrer le sanctuaire.

Les inscriptions sont désormais en latin. Elles nous sont malheureusement parvenues dans un état de mutilation extrême.

Au nom du *municipium Potentinorum* (dont nous avons essayé de restituer la désignation en *RV-46*), agissent, prenant la relève des questeurs lucaniens, les *quattuoruiri iure dicundo (RV-31, -32, -45)* ou *quinquennales (RV-38),* ou plus précisément, à chaque fois, deux seulement des quatre. Statut non définissable pour l'*Acerronius* de *RV-22* (consécrateur du grand portique).

Le formulaire, autant que nous l'apercevions, use du terme «donner» : ainsi en *RV-38*, ...] *DON;* en *RV-31*, ... *D D* [... *(donum dederunt);* en *RV-13*, ...] *DE* [..., indication (*de* + abl.) de la source de financement. Ce lexique du «don» n'est pas ici celui de la piété privée; en *RV-31* et *RV-38* subsistent des traces de noms de magistratures; de plus, en *RV-31*, on aperçoit en réalité ...] *V D D* [..., ce qui implique [... *iuss]u d(onum) d(ederunt)* [..., soit donc décision d'un corps délibérant dont nos quattuoruiri sont les exécutants.

Des personnages qui interviennent ainsi au -Ier s., presque tous les noms sont perdus. Tout au plus émerge-t-il, de cette poussière épigraphique, quelques bribes de gentilices : *Acerro[nius]* en *RV-22, Full[ius]* ? en *RV-32, Ruf[renius]* ?? en *RV-45.*

Noter qu'à date impériale, à Potentia, dans les dédicaces à Méfitis (voir plus haut : *Textes, appendice*), on retrouve une paire de quattuoruiri en 133 (et, sans doute, en 132), mais que ceux de 133 au moins (ce peut être vrai des autres), tout comme le grand personnage de 131, font offrande à leurs propres frais.

LES ELEMENTS DU SANCTUAIRE

19. Nous avons rappelé (§ 4) la difficulté, trop fréquente, d'assignation d'une pierre inscrite donnée à un monument donné.

Une des causes de cet embarras est que l'inscription (ou ce qu'il en reste) ne mentionne généralement pas le monument.

Pas plus que nous ne trouvons nommé le sanctuaire lui-même (par un mot comme *σακαρακλομ) nous ne trouvons nommés (à de très rares exceptions près) les éléments qui le constituaient : esplanade dallée, conduite d'eau sacrée à ciel ouvert, temples et édifices divers, portique, stèles, autels, statues, etc. Les exceptions sont les suivantes.

a) Fragment (de date B) *RV-04* : ...]μωνωμ   με[..., que nous replacerions volontiers dans un contexte de ce type : [... κϜαιστορ ...]μωνωμ με[φιτηις οπσαννωμ σενατηις τανγινοδ αϕααματεδ εισειδωμ προϕαττεδ], quitte à en rechercher éventuellement dans *RV-07* un autre fragment. Ce qui est en jeu ici, c'est le terme mutilé [...]μωνωμ, désignation d'un élément du sanctuaire. Nous avons suggéré (*Ross. II,* n. 56; *Ross. III,* p. 55) une restitution [τρει]μωνωμ, à partir d'un **trēb-no->* trēmno-* conforté par l'ombrien (abl.) *tremnu* (VIa 2, 16). Dans les *Tables,* il s'agit de l'endroit (quelle qu'en soit la structure) d'où l'auspex, assis, préside (mais non procède lui-même) à l'observation des oiseaux, ce qui ne nous éclaire guère sur sa configuration. Suggestion avancée, bien entendu, *exempli gratia.* La perte du début du mot laisse le champ ouvert à d'autres hypothèses.

b) Intact, en revanche est le texte *RV-28* (de date B). Il relate qu'un magistrat, sur l'avis du sénat, ... σεγονω αιζνιω ρεγο <ο>πσανω ειν(ειμ) σταβαλανο ... αϕαματετ («... signa ahenea regum facienda et erigenda ... iussit»), après quoi est indiqué (κωσιτ + chiffres) ce qu'il en coûte («constant n(ummis) CCCL»). Le pluriel doit s'appliquer à deux statues érigées sur cette même base, dont nous connaissons la hauteur (75 cm) et la largeur (65 cm) mais non la longueur : elle était faite de blocs jointifs cramponnés entre eux, dont nous n'avons qu'un seul, en bout de l'ensemble, celui qui était inscrit. [Le nom osque de la «statue» (c'est le même mot que le lat. *signum*) était déjà connu, au singulier cette fois, par une dédicace du temple de Jupiter à Cumes (*Ross. V,* p. 673 et pl. V) : ... **EKÍK S[EG]ÚNÚM ... DUNEÍS DEDENS** («hoc signum ... pro dono dederunt»); le plat de la base (70 x 75 cm) conserve trace des scellements de la statue divine].

Rem. 1. A Rossano, *RV-27* est un fragment de base d'une autre statue; nous n'avons plus qu'une portion de l'un des blocs qui constituaient la base, avec les douze dernières lettres d'une dédicace : celle-ci semble avoir été concise, et il est probable que le mot **σεγονομ* n'y figurait pas.

Rem. 2. On peut se demander si la plaquette de bronze inscrite dont on a retrouvé le minuscule fragment *RV-34* n'était pas affixée au socle de quelque offrande (statue ?) pour en indiquer l'origine (et aussi le prix).

20. A signaler, enfin, la *mention allusive* d'un élément du sanctuaire que nous appellerons son *«seuil rituel»,* dans le texte *RV-52,* de caractère informatif et (implicitement) prescriptif.

Sans qu'il fût besoin de notifier les observances qui en découlent, il signalait qu'à partir d'un point précis (marqué par l'inscription), le pèlerin pénètre dans un périmètre sacré, domaine de la Terre Méfitienne et de l'Eau Méfitienne.

Ce document exceptionnel, de date A, publié et discuté dans *Ross. X,* § 10, est, par malchance, mutilé (tous les débuts de lignes manquent). Pas de difficulté pour la fin du texte ηομοι I [ενε]μ υδοι μεfυl[τιαις] ou encore : μεfυl[τεις] . Le début …]αματομ, qui doit   signifier approximativement «consecratum», n'est pas restituable avec certitude : verbe (préverbé, vu la dimension de la lacune), de thème incertain : *fāmā-* ? (alors, «edictum»); *clāmā-* ? (alors, «proclamatum»); autre ?

Pour le mot médian [....]υξκ, bien qu'elle implique un lapsus ditto-graphique (*απ-εξυκ «abhinc» écrit par erreur *απεξυξκ),   notre restitution continue à nous paraître la seule envisageable.

La pierre a été trouvée en remploi. Son emplacement originel ne pouvait être qu'à l'entrée du sanctuaire primitif (dont nous n'avons plus qu'un état postérieurement remanié). Il est normal que l'inscription appartienne à la période initiale (A) du sanctuaire.

LES FORMULES VOTIVES

21. Les inscriptions de Rossano (tuiles exceptées, qui viennent d'ailleurs) sont de trois sortes.

a) Un document rituel, *RV-52* (voir § 20).

b) Des consécrations officielles d'éléments du sanctuaire : actes administratifs, analysés plus haut, tant pour l'époque (A - B) de la tutelle lucanienne (§ 17*a*) que pour l'époque (D) de la tutelle romaine (§ 18).

c) Des dédicaces proprement dites (dont les exemples nous manquent pour l'époque romaine).

22. Les dédicaces en langue osque que nous avons sont toutes des énoncés sans verbe, comprenant tout ou partie des constituants suivants (dans un ordre qui peut varier) :
nominatif du dédicant
datif théonymique
indications circonstancielles

	Nomin.	Dat.	Circonst.
RV-05		x	
-06		x	
-11	x	x	x
-12		x	
-19		x	
-20		?	x
-21		x	
-25	x	?	?
-26		x	

-27	x	x
-33		x
-35		x
-44	x	x	x
-51	x	

23. Les indications circonstancielles peuvent spécifier la *nature de l'acte votif.*

a) RV-20, δουνακλομ «don (à…)». Mot nouveau pour nous, mais immédiatement intelligible : nom d'action «* dōnāculum» de «dōnāre» (le verbe étant déjà connu en osque : **DUUNATED**, Ve. 149).

b) Au génitif de qualification (cf. Ve. 108 **DUNEÍS DEDED**), on a, en *RV-27,* δεκμας («à titre de dîme») : mot nouveau, lui aussi immédiatement intelligible (ordinal féminin de «dix»).

En *Ross. V*, p. 666, nous citions la glose de Festus (p. 182 Lindsay) «decima : quaequae ueteres dis suis offerebant», et nous précisions que, dans le contexte cérérien de Rossano, il devait s'agir d'un dixième des récoltes (et non, comme souvent en latin, du dixième de butin offert à Hercule Vainqueur); nous admettions l'authenticité italique de ce type d'offrande. Elle a été contestée depuis lors; voir MPM, p. 418 : «non basta la citazione di Festo per farne un'istituzione romana : la decima è greca, e ad Ercole si referisce qualo culto greco». Mais suffit-il d'envoyer Festus au diable pour prouver que la dîme osque, ici sans lien établi avec Hercule, calque une institution grecque ?

A la discussion ainsi ouverte, apportons un élément qu'ignorait MPM, et que fournit le bronze celtibère de Botorrita (dernière édition par A. Beltrán et A. Tovar, *Contrebia Belaisca,* Saragosse 1982; et cf. *CRAI* 1973, p. 622 sv.) : en celtibère, à l'abri donc d'influences grecques plausibles, ce règlement agricole mentionne (dans un contexte, il est vrai, seulement partiellement élucidé) une contribution du dixième des produits du sol, en usant de l'ordinal féminin de «dix» : acc. *TeCameTam* (à lire : *decametam*) «dîme», avec adjectif dérivé *TeCameTinas* «relatives à la dîme»; sans doute ce dixième va-t-il, en l'occurrence, à quelque receveur fiscal, non à une divinité; mais il est, comme celui que nous apercevons à Rossano, «cérérien» et non-grec.

Le débat reste donc ouvert.

24. Les indications circonstancielles peuvent aussi spécifier la *motivation de l'acte votif,* lorsqu'il est présenté comme une manifestation de reconnaissance.

Une formule au génitif de cause apparaît trois fois : *RV-11* β[ρ]αιτηις   δατας (cf. § 11*c*), *RV-44* βρατεις   δατας, *RV-57* [βρα]τες [δατ]ας, «en contre-partie d'une faveur accordée». Discussion de cette formule (qui sous des formes abrégées ou mutilées, désormais éclaircies, se retrouve à Mirabella Eclano, à Navelli, à Campo Macrano, à Sulmona, à Vastogirardi) dans *Ross. III,* p. 60, puis (compte tenu d'observations de Prosdocimi et MPM) dans *Ross. IX,* p. 328. L'osque *brāti-* correspond (au détail près de la suffixation) à lat. *grātia.*

LES DIVINITÉS

25. Sur le *clergé* du sanctuaire, nous ne savons rien. Sur les *rites,* guère davantage; sinon (d'après *RV-52*) la délimitation d'une zone sacrée sans doute génératrice de prescriptions et d'interdits (§ 42b); sinon encore (à partir de Ve. 32; voir § 28/9) l'existence d'un calendrier de fêtes, ces Méfities ayant dû mettre en branle d'importants pèlerinages. En revanche, sur les *divinités* qui peuplaient le sanctuaire nous avons des lumières, au moins partielles.

Mais avant de discuter ces données (§§ 37-50), il nous paraît utile de rappeler deux éléments de référence extérieurs : ce qu'on sait des autres implantations de Méfitis (§§ 26-33); ce qu'on sait du sanctuaire d'une divinité chtonienne osque proche parente de Méfitis (§§ 34-36).

LES AUTRES MEFITIS

26. Sur Méfitis, ce qu'on savait vers 1965 à partir des textes littéraires et épigraphiques est résumé, p. ex., dans Ra., p. 211 sv. cf. *Ross. I* (1968), p. 202 sv., qui y ajoute *RV-06*. Depuis lors, deux événements épigraphiques, d'inégale importance.

L'un, ponctuel, en 1981 : publication (*Ann. Ist. Or. Napoli, Archeologia e storia antica* III, p. 55-60) par Rosalba Antonini d'un tesson inscrit d'Ansanto, dont O. Onorato avait seulement signalé l'existence (cf. *Ross. I,* p. 206), qui ensuite avait été égaré, qu'a plus tard retrouvé et photographié (mais non publié) S. Ferri, et qui désormais paraît à nouveau perdu. Terre-cuite grossière (fragment de tuile, semble-t-il); gravées avant cuisson, trois lignes sinistroverses en alphabet osque réformé (donc -IIIème ou -IIème s.), avec érosion des fins de lignes : LÚVKIS VEL[ ] | MEFITEÍ [ ]| ARAVINAÍ[ ].

L'autre événement, massif : de 1969 à 1979, exhumation de plusieurs dizaines d'inscriptions, au cours des fouilles entreprises à Rossano par D. Adamesteanu.

27. Que Méfitis soit une vieille divinité sabellique résulte et de son nom et de la distribution géographique de ses lieux de culte.

Sur le nom, cf. *Ross. I* (1967). Une des questions discutées dans cet article était la forme du thème (consonantique ? en *-i-* ?); et, faute d'autre *donnée osque* qu'un datif en *-eí (RV-06),* ambigu, la discussion ne pouvait prendre appui (un appui incertain) que sur *l'adaptation latine* du mot (nomin. *-is,* acc. *-im,* dat. *-ī*), orientant vers un thème en *-i-* de l'osque. Depuis lors, ce ne sont pas les nouveaux exemples de ce même *-ei* *(RV-11, -21, -26, -44,* et Ampsanctus) qui ont modifié la situation, mais (deux fois attesté : *RV-33, -35*) l'adjectif (dat. m. sg.) μεϝιτανοι : authentifiant le cognomen latin *Mefītānus* (§ 30), et rendant vaine l'hypothèse d'un lapsus dissimilatoire (... *taiais* pour *...tiaiais*) dans (dat. f. pl.) MEFÍTAΠAÍS à Pompeï (Ve. 32; mais -FÍT- au lieu de -FIT- demeure une faute), il enseigne que c'est bien sur *mefīt-* (non sur *mefīti-* qu'étaient bâtis les dérivés osques en *-āno-* et en *-aio-* du théonyme.

Possibilité, donc, d'un nom d'agent à dérivation (indifférente au genre) en * *- t -.* Si l'étymologie (cf. A. Walde, *Lat. etym. Wb.* II 59) reste en discussion, du moins est-il certain que *- f -* intervocalique ressortit au phonétisme osco-ombrien.

28. Les sites méfitiens connus sont les suivants (ici énumérés du Nord au Sud).

1) Laus Pompeia (Lodi) : dédicace *Mefītī* d'un autel et de quatre tables sacrificielles, par un sēvir Flāviānus (CIL V 6353);

2) Crémone : un sanctuaire extra muros de Méfitis échappe (miraculeusement ?) en + 69 à l'incendie de la ville (Tacite, *Hist.* III 33);

3) Rome : il a existé un sanctuaire de Méfitis sur l'Esquilin (sans doute à peu de distance au SW de l'actuelle Piazza Esquilino) d'après des témoignages littéraires. Notice de Varron (*L.L.* V 49) : *secundae regionis Esquiliae... Ibi lucus dicitur Facutalis et Larum Querquetulanum sacellum et lucus Mefitis et Iunonis Lucinae, quorum angusti fines.*Notice de Festus (p. 439 Lindsay) : ... *Cispium..., partem Esquiliarum quae iacet ad vicum patricium uersus, in qua regione est aedis Mefitis.*

4) Atina : dédicace *Mefītī* de deux hommes (sans doute, magistrats), CIL X 5047;

5) Equus Tuticus : dédicace d'une femme *[Me]fītī* (CIL IX 1421);

6) Capoue : sur deux tuiles qui se raccordent, inscription votive (sans nom de dédicant) *Mefīt(ī) V[tiā]n(ae) sacra* (CIL X 3811);

7) Aeclanum : en langue osque (Ve. 162), dédicace MEFIT(EÍ), émanant d'une femme;

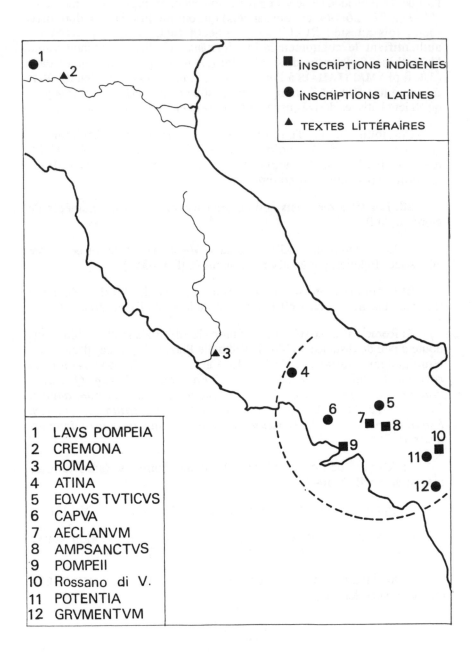

INSCRIPTIONS INDIGÈNES

INSCRIPTIONS LATINES

TEXTES LITTÉRAIRES

1	LAVS POMPEIA
2	CREMONA
3	ROMA
4	ATINA
5	EQVVS TVTICVS
6	CAPVA
7	AECLANVM
8	AMPSANCTVS
9	POMPEII
10	Rossano di V.
11	POTENTIA
12	GRVMENTVM

Fig. 2 — Localisations de Méfitis

8) Ampsanctus : le plus célèbre des sanctuaires de Méfitis (§ 32). Le seul, avec celui de Rossano, à avoir été fouillé (ce qui a permis d'en dater les débuts : -VIème s.).Mais, étrangement, anépigraphe (à la seule exception d'une dédicace d'homme **MEFITEÍ ARAVINAÍ** :§ 26);

9) Pompeï : dans une inscription peinte de la «maison de la méduse» (Ve. 32), datation **MEFÍTAIIAÍS** (voir § 27) : «le jour de la fête de M.»;

10) Rossano di Vaglio : seul site à être documenté à la fois par l'archéologie et par l'épigraphie; débuts : seconde moitié du -IVème s.;

11) Potentia (CIL X) : un ex-voto anonyme (sur une colonne basse) *Mefītī sacrum* (130); trois dédicaces officielles *Mefītī Vtiānae* (131, 132, 133) par des magistrats locaux : voir § 18;

12) Grumentum : dédicace mutilée (CIL X 203; indication de dédicant perdue) *Mefītī fisicae* (avec une épiclèse d'interprétation discutée, ailleurs assignée à Vénus : CIL IV 1520 et CIL X 928, à Pompeï).

29. Les cas 1 et 2 sont à part. Récentes sont les fondations de Crémone (-218) et de Laus (-89), récente donc l'implantation en Cisalpine d'une Méfitis, sans doute apportée avec eux par des colons romains d'origine sabellique.

Toutes les autres localisations (Rome, 3, exceptée) relèvent du domaine des parlers sabelliques : 4 aux confins des pays marse et volsque, 5 en Samnium, 6 et 9 en Campanie, 7 et 8 en Hirpinie, 10, 11 et 12 en Lucanie (voir la carte fig. 2).

Pour Rome (3), on sera donc amené à attribuer à la Méfitis de l'Esquilin une origine sabine, et à la ranger parmi les «dieux de Titus Tatius». Remontant alors au temps des rois, ce serait là le plus anciennement attesté de tous les cultes de Méfitis que nous nous trouvons connaître.

Déesse sabellique donc; parfois, on l'a vu, au hasard de l'histoire, portée (à Rome : 3; en Cisalpine : 1,2) hors de son domaine originel. Mais, à l'intérieur même de ce domaine, il y a eu des propagations que nous apercevons : ainsi la Méfitis de Rossano, l'Utiana (§ 16), a rayonné vers Potentia (qui est toute proche : environ treize km.); mais aussi bien jusqu'à Capoue (qui est lointaine : environ 130 km.); dans le premier cas, nous voyons même clair dans l'enchaînement des faits : les Potentini deviennent d'abord tuteurs politiques de Rossano après la Guerre Sociale, puis, à la suite, semble-t-il, d'une destruction accidentelle du sanctuaire, transfèrent dans leur propre ville un culte auquel ils étaient devenus attachés.

30. Accessoirement, de plus, témoignage latéral dans l'anthropo-nymie. CIL VI 2056, 2059, 2060 mentionnent, à l'époque Flavienne, un personnage de rang sénatorial qui fut frāter Arvālis en 78 et en 80, et magister collēgiī Arvālium en 81, et qui s'appelait *C. Fūfius Iūnius Tādius Mefītānus* (voir *Prosop. Imp. Rom.*II[1], p. 90). Le nom (rare) *Tādius* est épigraphiquement attesté en pays samnite à Saepinum (CIL IX 2518). Le nom *Fūfius* (avec doublets *Fūficulēnus, Fūfidius, Fūfisius, Fūfuleius*) est, avec son - *f* - intervocalique, de structure phonique sabellique; la quantité longue de *ū* est garantie par l'apex de plusieurs inscriptions (CIL IX 1783, IX 666, etc.) et par la métrique (Horace, *Sat.* I 2. 12, II 3. 60). Une défixion de Cumes du -IVème s.(Ve. 5) procure (avec, notée UV, la diphtongue *ou*, que le latin plus tard rendra par *ū*) le gentilice FUVFDIS (celui que le latin transposera en *Fūfidius*).

Ce personnage porte le cognomen *Mefītānus,* qui est un hapax (cf. Iro Kayanto, *The latin cognomina* [1965] p. 108 et 215); sur la dérivation de type osque, cf. § 46. *Tādius* et *Fūfius* indiquent comme origine de notre Arvale une des régions sabelliques de la péninsule, qui sont la patrie de Méfitis.

31. Que savait-on jusqu'ici de la personnalité de Méfitis, de ses attributs, de sa place dans le monde des dieux ? A dire vrai, rien, sinon son association avec la pestilence d'Ampsanctus, trait bien connu, mais seul trait connu, de son signalement. Accessoirement, nous savions, de plus, qu'elle était dite *fisica* à Grumentum (12), ce qui instituait un lien entre elle et Vénus (§ 28/12) et orientait donc vers une spécificité de Tierce Fonction; mais le sens précis de l'épiclèse nous échappe. Qu'enfin Méfitis ait été dite *aravīna* à Ampsanctus (comme à Rossano), on l'igno-rait jusqu'à ces toutes dernières années (§ 26).

Il a fallu Rossano pour que se précisent certains traits de ce visage (§§ 37 sv.). D'autres nous restent inconnus. On peut, par exemple, se demander si Méfitis était prophétique, si elle était guérisseuse, si elle était magicienne, etc. : toutes questions qui, présentement, restent sans réponse.

Quant à la vieille image d'une Méfitis pestilentielle (§ 32), elle doit elle-même, depuis Rossano, subir des retouches (§ 33).

32. A Ampsanctus (Ansanto : commune de Rocca San Felice, province d'Avellino), la déesse était honorée auprès d'un étang fangeux perpétuellement bouillonnant et elle régnait environnée d'une horreur sulfureuse. Le site a vivement frappé l'imagination des Romains; il a été pour eux le lieu méfitien par excellence.

Cicéron, *Div.* I 79 : *Terrae uis Pythiam incitabat, naturae Sibyllam. Quid enim, non uidemus quam sint uaria terrarum genera ? Ex quibus et mortifiera quaedam pars est, ut … Ampsancti in Hirpinis.*

Virgile, *En.* VII 563-570 : *Est locus Italiae medio sub montibus altis, \ nobilis et fama multis memoratus in oris, \ Ampsancti ualles; densis hunc frondibus atrum \ urget utrimque latus nemoris medioque fragosus \ dat sonitum saxis et toto uertice torrens. \ Hic specus horrendum et saeui spiracula Ditis \ monstrantur ruptoque ingens Acheronte uorago \ pestiferas aperit fauces...*

Pline, *H.N.* II 208 : *... scrobes mortiferum spiritum exhalantes; item in Hirpinis Ampsancti ad Mephitis aedem locum, quem qui intrauere moriuntur.*

D'où l'emploi métonymique du mot *mephitis* pour désigner cette pestilence elle-même. Emploi, à dire vrai, propre à la langue poétique impériale et, là-même, rarissime (un exemple chez Virgile, puis un chez Perse III 99; création savante, en latin tardif, d'un dérivé *mephiticus*, chez Sidoine). Latinus va à Tibur consulter l'oracle de Faunus (*En.* VII 81-84) : *at rex, sollicitus monstris, oracula Fauni, \ fatidici genitoris, adit, lucosque sub alta \ consulit Albunea, nemorum quae maxima sacro \ fonte sonat saeuamque exhalat opaca mephitim.* Passage correctement glosé par Servius : *mephitis proprie est terrae putor qui de aquis nascitur sulphuratis et est in nemoribus grauior ex densitate siluarum ...; nouimus autem putorem non nisi aëris nasci, sicut etiam bonum odorem de aëre incorrupto, ut sit Mephitis dea odoris grauissimi, id est grave olentis.*

Anecdotiquement, on rappellera la méprise faite, sur ce dernier passage de Virgile, par Porphyrion, dans son commentaire de l'ode III 18 d'Horace : *... Faunum... inferum ac pestilentem deum secundum quae... Vergilius in septimo significat, cum apud Mephitim pestiferi odoris paludem lucum eum habere ostendit.* Erreur dénoncée, notamment dans le *Thesaurus*, mais que Radke reprend à son compte (Ra. p. 211). Une fois passé, avec Porphyrion, de «lac méphitique» à «lac Méphitis», on n'est plus loin de «lac de Méphitis», on n'est plus loin d'affirmer une présence de la déesse à Tibur, à quoi Radke paraît bien croire. Autre version, inattendue, chez S. Isenghi Colazzo (*Not. Sc.* XXX, 1976, p. 529), pour qui le Faunus tiburtin ne serait qu'un travesti de Méfitis («sotto sembianze maschili era venerata à Tivoli»). Certes, des sources sulfureuses (Albunea, aujourd'hui Acque Albule, et autres) existent bien à Tibur; mais un lieu de culte de la déesse près de ces sources (à l'écart, d'ailleurs, du domaine sabellique) n'a jamais existé que par la grâce d'un contre-sens. Toute eau méphitique n'était pas méfitienne.

33. Inversement, d'ailleurs, toute eau méfitienne n'était pas méphitique. *Omnis fons sacer,* écrit Servius (ad *En.* VII 83). Une divinité, masculine ou féminine, patronnait toute eau surgissante. Méfitis n'était qu'une, entre autres, de ces divinités-sources. Mais elle n'était pas vouée exclusivement, comme le renom d'Ansanto l'a fait croire, aux émissions brûlantes et puantes des lieux volcaniques. A Rossano, c'est un courant d'eau fraîche et limpide qui traversait, à ciel ouvert, son sanctuaire. Rien de sulfureux non plus sur l'Esquilin, ou sur tels autres sites où la déesse a été implantée. Il lui suffisait que de l'eau, quelle qu'elle fût, sortît de terre à ses pieds.

LA MEFITIS DE ROSSANO ET LA CERES D'AGNONE

34. Le sanctuaire de Rossano était riche en divinités. Mais, au cours de quelque trois siècles et demi d'activité, il a connu nombre de destructions, de remaniements, d'agrandissements, de remplois de matériaux anciens dans des constructions nouvelles. Le site est resté ensuite à l'abandon, servant occasionnellement de carrière aux villageois des environs, tout au long des temps médiévaux et modernes. Aussi n'a-t-on certainement retrouvé qu'une très faible partie des inscriptions lapidaires qui avaient été gravées dans l'enceinte de Méfitis; encore certaines des dédicaces nous sont-elles parvenues irrémédiablement mutilées. Si la diversité des divinités, majeures ou mineures, invoquées dans le sanctuaire est considérable, nous ne devons donc pas oublier que nous sommes sans doute loin de les apercevoir toutes.

35. Cette profusion divine fait inévitablement songer au texte osque d'Agnone (Ve. 147), document administratif de la première moitié du -IIIème s., portant «état des lieux» d'un enclos consacré à Cérès, et énumérant les divinités qui, outre Cérès elle-même, y ont un point de culte, avec cippe (**STATIF**) et autel (***AASU**). C'est dans un ordre probablement topographique que se présente la liste (A) des attributaires de cippes, comme aussi la liste (B) des attributaires d'autels, avec théonymes au datif. En A cippes *intra muros* (**HÚRTÍN**, Aa) dédiés à

a 1 **VEZKEÍ** (genre incertain
a 2 **EVKLÚÍ** (masc.)
a 3 **KERRÍ** (fem.)
a 4 **FUTREÍ KERRÍIAÍ** (fém.)
a 5 **ANTERSTATAÍ** (fém.)
a 6 **AMMAÍ KERRÍIAÍ** (fém.)
a 7 **DIUMPAÍS KERRÍIAÍS** (fém. pl.)
a 8 **LÍGANAKDÍKEÍ ENTRAÍ** (fém.)
a 9 **ANAFRÍSS KERRÍIÚÍS** (masc. pl.)
a 10 **MAATÚÍS KERRÍIÚÍS** (masc. pl.)
a 11 **DIÚVEÍ VEREHASIÚÍ** (masc.)
a 12 **DIÚVEÍ REGATUREÍ** (masc.)
a 13 **HEREKLÚÍ KERRÍIÚÍ** (masc.)
a 14 **PATANAÍ PIÍSTIAÍ** (fém.)
a 15 **DEÍVAÍ GENETAÍ** (fém.)

mais, de plus, *extra muros* (**AZ HÚRTÚM**, Ab), à

b 1 **PERNAÍ KERRÍIAÍ** (fém.)
b 2 **AMMAÍ KERRÍIAÍ** (fém.; identique à a6)

b 3 **FLUUSAÍ KERRÍIAÍ** (fém.)
b 4 **EVKLÚÍ PATEREÍ** (masc.; identique à a2)

La liste (B) des attributaires d'autels *intra muros* (**HÚRTÚÍ**) omet les épithètes de thème *kerriio-* pour les divinités a4, a6, a7, a9, a10, la conserve pour la divinité a13, l'ajoute pour la divinité a8 (**LÍGANAKDÍKEÍ ENTRAÍ KERRÍIAÍ**); elle ajoute, d'autre part, une épithète à a12 (**DIÚVEÍ PIÍHIÚÍ REGATUREÍ**); en retenir le caractère facultatif, et mobile, de certaines épithètes.

36. Mais il y a, entre les informations que fournit l'épigraphie pour Agnone et pour Rossano, toute une série de différences.

a) Le bronze d'Agnone nous procure à une certaine date, un inventaire intégral; si bien qu'on peut aussi en induire des renseignements négatifs (Jupiter présent, mais non Mars; etc.). Au contraire, pour Rossano, nous dressons péniblement une liste lacunaire, à partir de témoignages non contemporains entre eux.

b) Sur le bronze, chaque divinité n'est nommée qu'une fois (exception faite du jumelage **DIÚVEÍ VEREHASIÚÍ / DIÚVEÍ REGATUREÍ**) et rien ne signalerait que Cérès est la patronne du sanctuaire sans les épithètes de thème *kerriio-* qui marquent (sans constance) l'appartenance d'autres dieux ou déesses à son cycle; **KERRÍ** apparaît une seule fois dans la liste, sans épiclèse aucune. A Rossano, où nous opérons sur une collection de dédicaces, non seulement il y a autour de Méfitis une cohorte de divinités «méfitanes» ou «méfitiennes» (comme à Agnone autour de Cérès une cohorte de divinités «cérériennes»), mais, numériquement, la fréquence des dédicaces adressées à Méfitis elle-même, suffirait à mettre en évidence sa position dominante. Ces dédicaces offrent, par ailleurs, tout un éventail d'épiclèses de Méfitis (ce qui, à Agnone, nous fait défaut pour Cérès).

c) Si les deux déesses chtoniennes d'Agnone et de Rossano ont en commun de s'environner d'un cortège de divinités mineures, et d'accueillir d'autre part auprès d'elles Jupiter et Mars (Mars, il est vrai, seulement à Rossano), il serait sûrement hasardeux de vouloir les confondre et y voir une même entité divine sous deux noms différents; on notera, en tout cas, qu'aucune des divinités mineures n'est commune à Agnone et à Rossano.

d) Entre l'enclos (**HÚRZ**) d'Agnone (avec cippes et autels qu'on peut imaginer plantés dans la verdure le long de quelque via sacra) et le vaste ensemble architectural que les fouilles de Rossano ont révélé, il y a une différence d'infrastructure qui implique des pratiques cultuelles elles-mêmes différentes. Mais, de celles d'Agnone, nous ne savons rien (sauf l'existence de manifestations officielles ayant lieu tous les deux ans, à la charge de l'autorité de tutelle du sanctuaire, et pour cette raison mentionnées sur le document administratif). La piété à Rossano, nous la touchons à la fois à travers édifices, offrandes, dédicaces.

LE PANTHÉON DE ROSSANO

37. Par touches successives depuis *Ross. I,* à mesure que surgissaient les textes, nous nous sommes efforcé de préciser l'image du panthéon de Rossano. On en tente ici, au point où est arrivée la recherche, une description d'ensemble, mais sans se faire illusion sur son caractère lacunaire; se rappeler que tel texte fondamental, comme *RV-52,* n'est apparu qu'*in extremis,* et ne jamais oublier que bien d'autres informations continueront à nous manquer.

38. Un mot, préalablement, de telles ou telles observations qu'ont suscitées nos articles, notamment de la part de MPM.

Notre enquête sur Rossano est double. Il s'agit de comprendre qui est Méfitis, c'est-à-dire dans quel(s) système(s) de représentation du monde divin elle s'intègre. Et il s'agit de comprendre le sanctuaire, en tant qu'espace sacré où viennent se grouper, autour d'un culte principal (ici, celui de Méfitis), d'autres cultes dont les relations à celui de Méfitis peuvent présenter des degrés d'affinité très différents.

a) Dans ses discussions, MPM écarte délibérément ce second aspect de l'enquête, et récuse (p. 418) toute référence «al rituale di Agnone» (mais ce n'est pas un rituel), en tant que «ridotto a puri teonimi». Mais (avec des dissemblances que nous avons tenu à souligner : § 36), l'inventaire du sanctuaire samnite, qui nous est livré, demeure la meilleure référence pour l'inventaire du sanctuaire lucanien, que nous tentons d'établir : justement, parce que ni l'un ni l'autre groupement n'est intégralement systématisable; ce sont des *ensembles cultuels ouverts;* ouverts, notamment à des dévotions d'emprunt, comme nous l'avons enseigné pour la Vénus latine *(RV-04 bis* et *-05),* ou comme Prosdocimi le pense pour les Dioscures grecs *(RV-28;* voir § 35 *c).*

b) Quant au premier aspect de l'enquête, qui vise à cerner la personnalité divine de Méfitis, MPM privilégie de façon excessive, à notre avis, la référence à Iguvium. Elle argue d'une communauté de formulation, citant *prestota ſerfia ſerfier martier* à propos de *RV-35* νυμψλοι μεφιτανοι νυμψλοι μαμερτιοι οιναι νυ[μψλιαι], rapprochement boiteux puisqu'on n'a pas **οιναι νυμψλιαι νυμψλεις μαμερτιεις qui serait le seul parallèle correct de la formule ombrienne. Elle argue, plus largement, de la commune existence, à Iguvium et à Rossano, d'une expression de rapport hiérarchique par : théonyme + dérivé de théonyme, νυμψλοι μαμερτιοι évoquant le type *ſerfier martier;* mais il évoque aussi bien le type **AMMAÍ KERRÍIAÍ** et on voit mal, ici encore, pourquoi est récusée la référence à Agnone. Plus généralement encore, est posé le postulat que les Tables Eugubines, «unico corpus sincronicamente sufficiente per raffigurare il panteon italico» (p. 418), fournissent le seul cadre valable à qui veut situer la déesse de Rossano; c'est donc l'intégrer nécessairement dans cette organisation ternaire du monde divin, expression de la conception trifonctionnelle des Indo-européens, qui survit dans la triade Grabovienne d'Iguvium comme dans la triade Capitoline de la Rome primitive. Mais une telle référence, si elle se veut exclusive, méconnaît la pleine vitalité, à date historique, d'une conception binaire du monde des dieux, opposant ceux d'En-Haut et ceux d'En-Bas, les ouraniens et les chtoniens, *dei superi* et *dei inferi;* elle s'exprime, par exemple, en osque même, dans la malédiction de Vibia (Ve. 6, l. 7 : **NIP HUNTRUIS NIP SUPRUIS**); elle a été sûrement plus populaire et plus vivace que la construction savante dont les clercs d'Iguvium s'étaient faits les gardiens. Aussi nous réservons-nous la liberté de définir la position de Méfitis au regard de *l'un et l'autre* systèmes, tant donc comme Fécondante (§§ 40-41) que comme Infernale (§ 42).

c) En 1971, dans *ROSS. VI,* nous avions souligné que langue, institutions politiques et religion des Utiani demeuraient des domaines de quasi-nulle influence grecque, alors qu'était largement hellénisée la civilisation matérielle et intellectuelle (écriture). Ainsi nous paraissait significative l'absence de l'Apollon grec, volontiers accueilli ailleurs (Απελλουνηις à Messine, Ve. 197 *a;* **APPELLUNEÍS** à Pompeï, Ve. 18); etc.

A.L. Prosdocimi (*LDIA,* p. 1162 sv.), suivi par MPM (p. 417 sv.) apporte à cette assertion trop absolue un certain nombre d'atténuations : en reconnaissant dans διομανας (gén.; *RV-18*) un calque de gr. ποτνίας; en interprétant ρεγο(μ) (gén. pl.; *RV-28*) comme désignation de Castor et Pollux, et, partant, comme un calque de gr. Γανάκοιν; en assignant δεκμας (gén.; *RV-27*) à une pratique d'origine grecque, et en y voyant donc un calque de gr. δεκάτης; en suggérant enfin que si ρεγο(μ) en *RV-28* désignait, comme nous l'avions (avec hésitation) proposé, un couple «Regis Reginaeque» (ce que lui ne croit pas), il s'agirait, en tout cas, d'un calque culturel du grec.

Certaines des observations ci-dessus seraient, à leur tour, à nuancer, à la lumière de quelques données celtiques récemment découvertes. Le celtibère, hors de toute influence grecque présumable, connaît la dîme en tant que prestation du dixième des revenus agricoles : acc. *TeCameTam* (à lire *decametam*) à Botorrita (cf. § 23). Le gaulois en pays arverne (à l'écart, donc, de l'hellénisation), connaît une «Reine» divine (associée ou identifiée à Rosmerta dans une dédicace de Lezoux) : dat. *rigani* (*Et. Celt.* XV-1, 1977, p. 151 sv.). Pourquoi ce qui est authentiquement celtique en pays celte ne serait-il pas authentiquement italique en Italie ?

Il nous semble, par ailleurs, par ailleurs, que le problème du ρεγο(μ) de *RV-28* (Dioscures ? ou couple divin italique ?) doit rester ouvert, même si la motivation de notre choix de 1972 (absence d'*autres* hellénismes), argument, en soi, de valeur contestable, est à abandonner désormais.

Attributs de Méfitis

39. Si trois adjectifs se rencontrent apposés à μεfιτηι (ουτιαναι, καπορoιvvαι, αραϜιναι), le premier, qui est d'ordre géographique (comme la référence à l'Eryx dans **HERENTATEÍ HERUKINAÍ** à Herculanum, Ve. 107; etc.), n'est porteur d'aucune information sur les attributs de la déesse.

On s'attend que l'épiclèse Utiana (§ 16) ne soit employée que par les non-Utiani. En fait, elle paraît bien être constante dans l'usage des Romains de Rossano *(RV-22, -32, -45)* comme, plus tard, dans celui des Romains de Potentia (CIL X 131, 132, 133).

Par exception, elle figure dans un texte indigène *(RV-11 :* μεfιτηι ουτιαναι); mais rien ne garantit que le pèlerin στενις τιτιδιες, s'il était bien Lucanien, n'appartînt pas à une communauté lucanienne autre que celle des Utiani.

40. Restent les épiclèses descriptives des pouvoirs de Méfitis. Le hasard ne nous en a livré que deux, mais elle a dû en porter bien davantage.

a) L'une est un hapax : [μ]εfιτηι καπορoιvvα[ι], *RV-06*. Si l'on tient compte de l'anaptyxe *(* -pro- > -poro-)* et d'incidents récents de palatalisation (§§ 11 *c*, 13 *b*), la forme initiale de l'adjectif est à poser comme **caprōnio-*, dérivation en *-ōn-yo-* à partir du nom du «bouc» *(capro-)*. A première vue, cette *Mefītis *Caprōnia* évoque la *Iūnō Caprōtīna* des Latins (sur quoi cf. *Ross. I*, p. 194-202), mais le rapprochement est peut-être illusoire, l'intervention du figuier sauvage jouant un rôle nécessaire d'intermédiaire dans le mythe latin, alors que nous ne savons rien de tel pour Méfitis; de toute façon, la structure de l'adjectif latin est celle qui fait difficulté.

b) L'autre épiclèse est attestée deux fois à Rossano (μεfιτηι αραϜιναι, *RV-26;* μεβιτηι αραϜιναι *RV-21*), et se retrouve (§ 26) à Ansanto : **MEFITEÍ ARAVINAÍ**. Compte tenu de l'anaptyxe *(*arv- > arav-),* la forme initiale de l'adjectif est à poser comme *arv-īno-*, dérivé en *-īno-* de *arvo-* «terre labourée».

41. L'idéologie trifonctionnelle a construit un univers divin ternaire qui se reflète, dans l'Italie antique, à Rome (Triade Capitoline du temps des Rois) comme à Iguvium (Triade Grabovienne). En regard des Prime et Seconde Fonction (organisées respectivement autour de Jupiter et de Mars), la Tierce Fonction manifeste un grouillement de divinités mineures étroitement spécialisées dont émerge, dans chacun des rituels, une divinité majeure, masculine ou féminine, qui domine ce grouillement et, au niveau supérieur, symbolise la fonction. Ce Troisième des Trois Grands, c'est le Quirinus de la Rome des origines, c'est le Vofion eugubin, mais (encore que les textes ne nous aient pas encore présenté systématiquement de triade osque), c'est aussi bien la Cérès d'Agnone ou la Méfitis de Rossano.

Invoquée de par le bouc et le soc, protectrice de la saillie et du sillon, garante de la fécondité des troupeaux et de la fertilité des champs, notre Méfitis se présente là, éminemment, comme divinité de la Tierce Fonction.

42. Mais, *simultanément,* cette même Méfitis symbolise le versant chtonien de l'univers divin, en contraste avec le versant ouranien, dans une idéologie dualiste (§ 38 *b*).

a) Méfitis chtonienne est terrienne et souterraine à la fois (ces deux emprises ne sont pas dissociables). Elle est aussi déesse des eaux qui surgissent des entrailles du sol. Autant que nous sachions (§ 33), ses sanctuaires sont tous implantés près de sources, lesquelles, tant pures que sulfureuses, devaient être réputées guérisseuses (encore qu'aucun texte jusqu'ici ne mentionne Méfitis en tant que sānātrīx).

Dans la dédicace *RV-19* (dont la structure sera discutée au § 43 *a*), Méfitis est appelée non «Déesse de la Source», mais, par métonymie, «Source» tout court : πιζηι (datif en -*ei* d'un thème sigmatique **pides-,* probablement féminin en osque; voir *Ross. III,* p. 71 et ci-dessus § 12 *c*).

b) L'inscription *RV-52* marque, pour le pèlerin, le point à partir duquel il pénètre dans un domaine consacré à la Terre de Méfitis et à l'Eau de Méfitis (§ 20) : ... hoμoι [ενε]μ υδοι μεfι[τιαις].

Dans ce document rituel, porteur d'interdits et d'obligations implicites, il convient de donner aux termes hoμoι et υδοι leur véritable résonance cosmogonique. Il s'agit de bien plus que du sol du sanctuaire et du ruisselet qui le traversait (interprétation topographique matérialiste). Il s'agit d'autre chose que de la terre de culture (ce serait, au reste, *arvo-*) et des eaux qui la fertilisent (interprétation de Tierce Fonction). Il s'agit des deux éléments de l'univers qui, solidairement, ressortissent aux dieux d'En-Bas. C'est, d'ailleurs, le même couplage idéologique qui se manifeste à Bolsena, sur la colline de la Città, dans un sanctuaire proche d'une faille profonde et d'une source; on y a trouvé en 1977 (imprécisément datable : pierre en remploi; environs de notre ère ?) une dédicace *FONTI, TELLVRI SACR(um),* publiée par Mireille Corbier (*MEFRA, XCV,* 1983, p. 719-756).

En osque, le thème *homo-* est le même que celui de lat. *humus,* et probablement, lui aussi, féminin. Genre qu'on supposera également pour *udo-,* nouveau dérivé de la racine **wed-/ *ud-,* peut-être créé sous l'action de *homo-* avec quoi il fait couple.

Méfitis et Jupiter

43. C'est aussi la bipartition : ciel-dieux ouraniens/terre (et eau) - dieux chtoniens qu'on doit, à notre avis, invoquer pour comprendre la place que tient Jupiter dans le sanctuaire, et la relation qu'il entretient avec Méfitis.

De dédicaces à Jupiter seul, point jusqu'ici. Mais deux dédicaces à Jupiter *et* Méfitis, l'une privée : *RV-19,* l'autre officielle : *RV-18,* dans lesquelles, au reste, Méfitis ne figure pas sous son nom (ce qui ouvre la porte à discussions). De plus, hypothèse raisonnable, mais indémontrable, que tel ou tel autre monument du sanctuaire a pu aussi être dédié aux deux divinités (§ 4).

a) Pour *RV-19* ζωϜηι πιζηι, notre interprétation de *Ross. III* : «à Jupiter (et) à la source» (c'est-à-dire à Méfitis) a été contestée et par V. Pisani («Ioui Fidio», ce que phonétique et morphologie excluent) et par MPM p. 420. Celle-ci, sans repousser (moyennant diverses acrobaties) l'idée que πιζηι pourrait être quelque adjectif, envisage, au cas où ce serait un substantif «source», une construction appositionnelle («à Jupiter-source») du type de *Iūpiter lapis.* Mais est-il vraisemblable qu'en ce sanctuaire de source d'une déesse toujours associée aux eaux surgissantes (§ 33), ce soit Jupiter et non Méfitis qui prenne le surnom de «Fons» ?

b) Pour *RV-17/-18* (autel double), le plan du monument nous est connu, ainsi que la disposition relative des blocs inscrits : sur une même face, *-17* à gauche de *-18;* d'où ordre de lecture : d'abord *-17* (avec gén. d'appartenance διωϜηις), puis *-18* (avec gén. d'appartenance διωϜιιας. δ{ι}ομανα[ς]). Sur le dernier mot, qui signifie «souveraine» et répond à lat. *domina,* voir § 11 *a* (altération allitérante δο- > διο- d'après διωϜηι qui précède) et § 38 *c* (hypothèse de Prosdocimi d'un calque de gr. πότνια). MPM p. 421 introduit une discussion sur l'ordre (déterminant/déterminé ? ou, ce vers quoi elle penche, déterminé/déterminant ?) à reconnaître dans le syntagme διωϜιιας διομανας; noter en tout cas, que l'ordre des mots ici a pu être influencé par l'encadrement général *-17/-18* (διωϜιιας étant appelé à la première place, en *-18,* en écho à διωϜηις de *-17*). Sur l'identité de cette déesse, notre suggestion de *Ross. III* (Méfitis) n'a pas suscité de contradictions jusqu'ici; elle repose notamment sur une vraisemblance, dirons-nous, politique : tuteurs du sanctuaire et agissant officiellement en tant que tels, quelle divinité les Utiani auraient-ils pu, chez Méfitis, honorer comme Souveraine, sinon Méfitis elle-même ?

c) Il est indémontrable, mais il nous paraît probable, que la dédicace *RV-56* s'adressait également à l'une et l'autre divinité. A la 1.1. sont alors perdus après διοϜηι d'abord le nom μεϕιτηι (ou quelque épiclèse) de la déesse, puis le prénom du dédicant; si les deux lignes étaient de longueur sensiblement égale, peuvent avoir été perdus après τιτιδιες l'abréviation du prénom paternel et quelque élément du formulaire votif.

44. De ces données, si réduites (et parfois ambiguës) soient-elles nous suggérons d'inférer (au moins à titre provisoire) les conclusions suivantes.

Dans les inscriptions associant (en parallélisme syntaxique : les deux datifs de *RV-19;* les deux génitifs de *RV-17/-18)* Jupiter et Méfitis, Jupiter n'est pas défini par rapport à Méfitis (il n'est, au sens qui sera indiqué § 42, ni * μεfιτανο- ni, moins encore, *μεfιτιο-) et il est le premier nommé (ayant ainsi le pas sur la patronne même du sanctuaire). Il est seul des dieux à jouir de ces privilèges.

Derrière ces manifestations formulaires, on retrouve la représentation binaire de l'univers divin. Il y a opposition, mais aussi bien complémentarité, entre le monde d'En-Haut et le monde d'En-Bas. Il y a correspondance, mais inversée, entre le Souverain des superī, Jupiter, et la Souveraine des īnferī, en l'espèce Méfitis. Celle-ci, souveraine à titre personnel, mais formant couple antithétique avec Jupiter, est par là jovienne (sans que Jupiter devienne, pour autant, méfitien), en vertu de la suprématie du Haut sur le Bas : jeu complexe de symétrie et de hiérarchie, qui rend compte, pensons-nous, de la formulation de *RV-18.*

45. Dans l'éclairage ci-dessus, on présentera deux observations.

a) Des deux interprétations envisagées en *Ross. V* pour le ρεγο(μ) de *RV-28* (Jupiter + Méfitis ou Castor + Pollux ?), nous avons cessé (§ 38 *c)* de marquer une préférence pour la première, sans pour autant l'exclure. Noter, à cet égard, que *RV-17/-18,* ci-dessus commenté, va contre l'argumentation de Prosdocimi (*LDIA,* p. 1162) concernant *RV-28* : «ammesso pure l'epiteto di *'Rex'* ... per Giove e quello di *'Regina'* per la divinità femminile, non ne resulta la **COPPIA** unita, al vertice del panteon, tale di fornire la premessa al plurale ellittico»; à notre avis il y a bien couple, non point (il est vrai) «al vertice» (c'est-à-dire au faîte du monde ouranien), mais couple conjoignant les deux mondes pour symboliser l'univers dans sa totalité.

b) A cette déesse chtonienne, souveraine et jovienne, de Rossano, on confrontera la déesse chtonienne, souveraine et jovienne, de Rapino en pays marrucin (Ve. 218 : ... *regen[ai] peai cerie iouia...).* Les deux données se prêtent un mutuel appui.

Méfitis et les autres dieux

46. Pour les dieux autres que Jupiter, leur relation à Méfitis n'est pas nécessairement spécifiée dans nos dédicaces. Quand elle l'est, elle manifeste deux variétés. Un dieu est μεfιτανο- s'il est simplement hébergé dans le sanctuaire, lequel constitue une structure d'accueil ouverte. Il est μεφιτιο- s'il ressortit au cycle (soit «cérérien» soit «infernal») de la déesse et lui est ainsi subordonné. Hôtesse des μεφιτανο-, Méfitis est patronne des μεφιτιο-.

Cette signification des deux suffixations a été enseignée dans *Ross. VII* à propos des inscriptions (du -IVème s.) *RV-33* et *RV-35*. Etaient révérés dans le sanctuaire : et Mars, et un dieu martien mineur Numulos, accompagné de sa parèdre Oina; Mars et Numulos sont, chacun, μεφιτανο-; mais, de Numulos, il nous est dit qu'il fait partie de la suite de Mars (il est donc μαμερτιο-), et d'Oina il est probablement dit (il ne subsiste de l'adjectif que les deux premières lettres) qu'elle est νυ[μυλιο-]. Ce sont ces textes qui nous ont permis de définir la valeur hiérarchisante de -ιο-, la valeur localisante de -ανο-.

A ce point, nous ferons trois observations.

a) Il est vrai que, dans le sanctuaire de Rossano, Mars est ainsi présent aux côtés de Jupiter et de Méfitis en sorte que se trouvent réunis les chefs de file des Trois Fonctions; mais c'est une réunion non organique (on sait que le sanctuaire d'Agnone n'avait pas de Mars entre Jupiter et Cérès), et où n'est pas respectée la hiérarchie trifonctionnelle, puisque Mars demeure en position d'invité (μεφιτανο-) en regard des seuls Souverains qui sont Jupiter et Méfitis.

b) A notre interprétation de -ανο-, MPM, n. 21, objecte : «*-ano-* ha semplicemente il valore di 'relazione con'; è solo dall'unione con un toponimo che scaturisce il senso di etnico o di localizzazione». Mais, quelle qu'ait pu être la valeur de *-āno-* avant l'histoire, c'est un fait qu'en osque historique nous trouvons *-āno-* solidement implanté dans la formation d'ethniques : *Abellāno-* (Ve. 1), *Capuāno-* (Ve. 91 etc.), *Noulāno-* (Ve. 1), *Paistāno-* (Ve. 200 F 2), *Pompaiāno* (Ve. 11, etc.), *Utiāno-* aussi, pour ne citer que quelques exemples. Il était donc tout naturel au -IVème s. de recourir à *-āno-* pour dériver du nom de Méfitis une épithète localisante.

c) Cette *distinction fine,* dans la formation des dérivés, entre deux types de relation de divinité à divinité (-ιο-/-ανο-) est-elle une singularité de Rossano ? Nous n'apercevons rien de tel à Agnone : -ιο- y assumerait-il les deux significations ?

47. Nous sont donc donnés comme μεφιτανο- les dieux martiens : Mars lui-même, et, au niveau des dieux mineurs, Numulos accompagné d'Oina.

Mais, si ρεγο(μ) en *RV-28* désigne les Dioscures (§ 38 *c*), ceux-ci, dieux Joviens mineurs étaient très probablement, eux aussi, μεφιτανο-.

48. Le statut μεφιτιο-, impliquant intégration à la mouvance de Méfitis, n'est, par malchance, indiscutable dans aucun des deux cas où nous l'estimons plausible. D'une part, pour la Vénus de *RV-05* (§ 49), où la relation à Méfitis est exprimée par un mot abrégé μεfιτ( ), où nous voyons μεfιτ(ιαι), mais dont il y a d'autres compléments possibles. D'autre part, pour le groupe de divinités de *RV-12* (§ 50), où la relation à Méfitis n'est pas spécifiée.

49. Dans une dédicace tardive *(RV-05)* apparaît (dat. Fεvζηι) une Vénus d'importation latine (car la Vénus autochtone s'appelle *Herentas :* Ve. 107, 172, 173), avec un nom qui est fléchi comme un thème en -*s*- (§ 13 *c*), et qui est probablement féminin, tout comme en latin. Mais c'est au niveau du second mot que se situe la difficulté, parce qu'il est mutilé, et que beaucoup dépend de l'évaluation des dimensions de la lacune.

Or, il y a eu, à propos de la pierre elle-même, une erreur initiale de Vetter : «auf einem steinernen Altar», écrit-il (Ve. 182), ce qui implique que l'inscription était portée sur la surface de l'autel, lequel était constitué par un plateau de pierre vaguement rond. Nous avons eu nous-même jadis *(Ross. I* et *Ross. III)* le tort de suivre Vetter; mais un réexamen récent nous a convaincu que c'était faire fausse route. Deux indices d'erreur : d'une part, les portions conservées du rebord sont inconciliables avec quelque restitution circulaire que ce soit; d'autre part, le verso, brut, ne porte aucune trace d'implantation dans sa région centrale, et est trop inégal et bossué pour avoir jamais reposé sur une surface plane. Conclusion : l'inscription était non point horizontale, mais verticale; le fragment appartient non point à un autel mais à une petite stèle à somment arrondi, du même type, et probablement du même ordre de grandeur, que *RV-06;* ce dernier monument avait une largeur de 40 cm et une hauteur hors sol d'environ 62 cm; pour *RV-05,* largeur d'environ 45 cm., hauteur non évaluable; voir les dessins donnés dans les planches avec les photographies.

C'est dans le cadre d'une telle restitution de la pierre qu'il convient de discuter les restitutions de l'inscription elle-même. Les schémas de la fig. 3 proposent quatre lectures.

1) Second mot abrégé en μεfιτ; ce procédé ne répugnait nullement aux usages épigraphiques, comme on le voit, par exemple, à Rossano même pour Vénus *(VEN. VTIANAE, RV-04bis),* et, pour Méfitis même, à Aeclanum (**SIVIIÚ MAGIÚ MEFIT·**, Ve. 162). Derrière une telle abréviation peut se dissimuler n'importe laquelle des solutions 2, 3, 4.

2*a*) Fεvζηι   μεfιτ(ηι), avec deux théonymes apposés : «à Vénus (qui est elle-même) Méfitis»;

2*b*) Fεvζηι   μεfιτ(ηι), avec deux théonymes en asyndète : «à Vénus (et) à Méfitis»;

3) Fεvζηι   μεfιτ(ιαι) : «à Vénus, qui ressortit à Méfitis»;

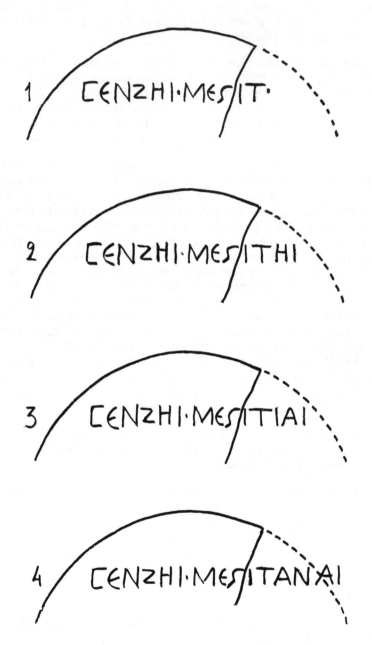

Fig. 3 — Stèle à Vénus *RV-05* : Comment restituer l'inscription du fronton ?

4) Fενζηι μεfιτ(αναι) : «à la Vénus qui est chez Méfitis». La formule 4 est la seule qui ne peut, faute de place, avoir été écrite en toutes lettres; mais elle redevient envisageable comme résolution d'abréviation.

Le choix est nécessairement subjectif.

A l'encontre de *2a*, on objectera l'absence d'autres exemples d'une dénomination double ainsi construite (*RV-19* ne pouvant, pensons-nous, être ainsi entendu : § 43 *a*).

Dans le cas de *2b* ce n'est pas la construction qui appelle des réserves mais, à en juger par *RV-19,* le dispositif graphique (on attendrait que les noms des deux divinités fussent écrits sur deux lignes différentes) et l'ordre des termes (hiérarchiquement, à Rossano, Méfitis devrait être nommée la première).

Restent 3 et 4 : tout dépend alors du caractère étroit (3) ou lâche (4) de la liaison qui s'était instituée à Rossano entre la Vénus importée et Méfitis. Notre préférence irait à μεfιτ(ιαι), Vénus, déesse de fécondité, ayant dû s'intégrer pleinement au cycle de Tierce Fonction de Méfitis.

N'est ici d'aucun secours l'autre attestation de Vénus à Rossano, qui est latine (* *RV-04 bis*; y restituer *Ven(erī Vtiānae*; les Potentīnī, qui, d'ailleurs, accueillirent chez eux une Vénus Erycine (CIL X 134), donnent ici à celle de Rossano son épiclèse ethnique.

Est, en revanche, sûrement significatif le fait qu'une (autre) Méfitis (celle de Grumentum : CIL X 203) et une (autre) Vénus (celle de Pompeï : CIL IX 1520, X 928) partagent l'épithète *fisica,* qu'on interprète diversement (sans bien voir, pour autant, la raison d'être de cet emprunt au grec). Proprement, est φυσικὸς ce qui a rapport à la φύσις, et la φύσις, c'est fondamentalement la propriété qu'ont les êtres vivants de se reproduire et de croître (φύσις λέγεται ἡ τῶν φυομένων γένεσις : Aristote, *Metaph.* 1014^{b}16). En sorte que le plus plausible est de voir là référence à la fécondité, qui (animale pour Vénus, animale et végétale pour Méfitis) est une des manifestations essentielles de la Tierce Fonction.

50. On vient de voir, en *RV-05,* Vénus la Fécondante rejoindre la Fécondante Méfitis. Mais il est, aussi bien, des divinités mineures qui ressortissent à Méfitis l'Infernale.

C'est le cas, dès la phase initiale du sanctuaire (-IVème s.), de celles à qui s'adresse la dédicace *RV-12.*

[ ]νετεfς πεhετεfς («… ibus pientibus»)

Pour le second terme, nous nous en tenons à nos vues de *Ross. III* p. 62 (auxquelles a acquiescé MPM p. 420) : correspondant du latin *pīēns* (avec superlatif *pīentissimus* doublet de *pīus,* donc «pientibus», le radical étant ici le même qu'à Cività di Tricarico (Ve. 183) dans l'adverbe osque πεηεδ «pīē», et …ετεfς remontant à un plus ancien *… e(n)tif(o)s avec syncope de la dernière voyelle, et non-notation (usuelle) de nasale devant consonne. Sur le participe présent de l'osque, voir notre article des mélanges Risch (o-o-pe-ro-si, Berlin, de Gruyter, 1986), p. 598-600; même s'il était vrai (ce qui n'est pas démontré) que ce participe était de thème consonantique au masculin mais de thème en -i- au féminin, notre forme est, de toute façon, ambiguë quant au genre puisque la finale est analysable soit en *… e(n)t-ĭ -f(ŏ)s (thème en -nt- et voyelle de liaison), soit en *… e(n)tĭ -f(ŏ)s (thème en -i-).

On a vu (§ 5) que, dans l'orthographe du -IVème s., ε peut noter :
1°) l'aboutissant de *ĕ (comme dans la seconde syllabe de πεηετεfς)
2°) l'aboutissant de *ĭ (comme dans la troisième syllabe de πεηετεfς) et de *ē. C'est cette dernière origine qu'on supposera pour la syllabe initiale du théonyme.

Sur ce dernier, notre position a changé (à mesure que se dessinaient plus nettement les traits de Méfitis), et nos préférences vont à présent à l'une des hypothèses mentionnées dans Ross. III, mais sous une forme sensiblement retouchée. Il s'agirait des «Fileuses» divines (sans doute au nombre de trois), qui dévident entre leur doigts et, au jour dit, tranchent le fil de chaque destinée humaine; reflets, comme le sont les Parques latines, des Μοῖραι ou des Κλῶθες grecques; entités infernales et terrifiantes dont l'invocation ne peut se faire sans l'accompagnement d'épithètes euphémiques et propitiatoires : ici, πεηετεfς.

Nous partons donc de la racine * snē- «filer», attestée dans la plupart des langues i.e., notamment en latin (nēre); mais (puisque l'osco-ombrien, à la différence du latin, conserve inaltérée la séquence sn-), il convient de restituer σ- au début de la première ligne, dans l'espace endommagé de la pierre où nous avons, dès Ross. III, signalé la possibilité d'une lacune du texte.

De cette racine nous avons ici un nom d'agent de type archaïque à suffixe *-ti- épicène (type de dérivation appelant le degré plein de la racine). Sur cette formation, voir l'ample exposé de Fr. Bader, Bull. Soc. Ling. LXI 1970, p. 65 sv. (notamment, pp. 128-136), et la brève note de Cl. Sandoz, Bulletin de la Section de Linguistique de… Lausanne, V, 1982, pp. 63-68. C'est la formation qui se manifeste, par exemple, dans skr. vásṭi- (* wek-ti-) «(celle) qui désire»; dans gr. μάντις (réfection d'un *μέντις d'après le vocalisme de μαίνομαι) «(celui) qui devine»; dans νῆστις (de * ne-ed-ti-) «(celui ou celle) qui ne mange pas»; ainsi qu'au premier terme de βωτι-άνειρα «(celle) qui nourrit les héros», etc. Il n'est pas indifférent que puisse s'ajouter un élément à la brève liste de ces survivances.

51. Ainsi s'achève l'inventaire divin du sanctuaire, dans la mesure où il nous est accessible. Les dieux qui y entourent Méfitis, et dont les liens avec elle sont divers, concourent à cerner la figure de la déesse, tout autant que ses épiclèses propres.

On a supposé que Rossano (qui débute au -IVème s.) est une sorte de filiale d'Ansanto (qui débute au -VIème s.). Hypothèse non déraisonnable, mais qu'il faut se garder d'assortir d'une autre hypothèse, celle d'une métamorphose de la déesse quand elle passe d'Hirpinie en Lucanie; telle est, par exemple, la suggestion de S. Isenghi Colazzo (*Not. Sc.* XXX, 1976, p. 520) : «non è da escludersi che, nel mutare del contesto storico e sociale, sia avvenuta una trasformazione del carattere della divinità, in origine legata alle manifestazioni naturali, fino a farla rientrare nell'ambito di quelle legate alle attività agricole e pastorali». L'auteur de cette notice (écrite en 1974) ignorait l'unique dédicace d'Ansanto (publiée seulement en 1981 : § 26) MEFITEÍ ARAVINAÍ : la Méfitis d'Ansanto est, comme celle de Rossano, déesse des labours. Inversement, nous pensons que la Méfitis de Rossano, que nous voyons escortée des Parques, est infernale comme celle d'Ansanto (ce caractère infernal n'étant pas restreint, ni nécessairement associé, aux «manifestazioni naturali»). En d'autres termes, comme il était d'ailleurs prévisible, c'est bien avant l'histoire que s'est constituée la personnalité de Méfitis, avec son double visage.

*

*   *

En contrepoint de la description des monuments et des offrandes, qui est à la charge de l'archéologue, l'épigraphiste analyse, documents plus explicitement parlants, les dédicaces qu'à livrées le sanctuaire.

C'est aux textes, et à eux seuls, que nous avons, dans cette étude, demandé quelques traits d'un portrait de Méfitis. Esquisse plutôt que portrait, à vrai dire, ou même seulement ébauche d'une esquisse.

Mais il valait la peine de mieux approcher cette déesse que, pendant plus de trois cents ans, jusqu'au seuil de notre ère, les Lucaniens, et après eux les Romains, entourèrent à Rossano, d'une piété vivace. Puis intervient quelque obscure destruction, et suivent plusieurs siècles d'absence divine, jusqu'à ce que, non loin de la même source, la Madonna arrive prendre la relève de l'Utiāna et règne à son tour, nouvelle *domano*, objet de nouveaux pèlerinages, sur les mottes noires et grasses de la glèbe lucanienne.

PLANCHES

I. La colonne *RV-01*

dos

face

II. La stèle *RV-05*

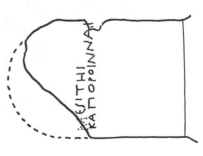

III. La stèle *RV-06*

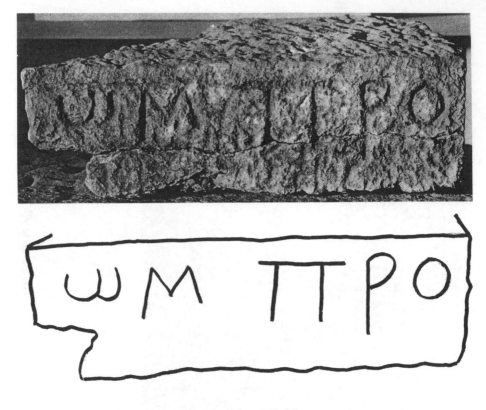

IVa. Le bloc *RV-07*

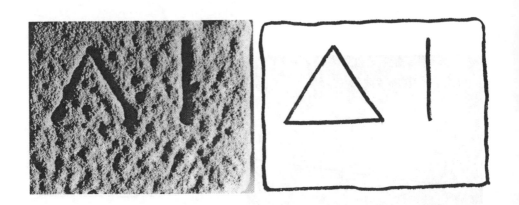

IVb. Le bloc *RV-08*

V*a*. Tuile *RV-09* : estampille   V*b*. Cività di Tricarico : même tuilier

V*c*. Fragment de pierre *RV-10*

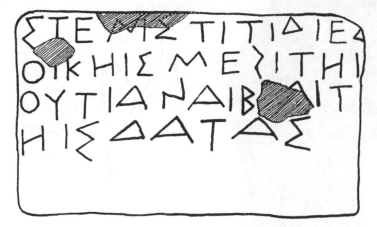

OIK ?

BRAI ?

VI. Bloc *RV-11*

VII. Bloc *RV-12*

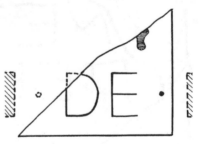

VIII. Plaque *RV-13*

IX. Fragments *RV-14, -15, -16, -48* d'une tuile avec graffites

X. Parement de l'autel double : dédicace de gauche *RV-17/-42*

ΛWEKIC·NANONIC·CΠEΛΛIC
KΓΑICΤΟΡ·CENA THIC
ΤΑΠΓΙΝΟΔ·ΑSΑΛΜΑΤΕΔ
ΔIWEHIS

XI. Parement de l'autel double : dédicace de gauche *RV-17/-42*

ΛѠϹΚΙϹ·ΝΑΝΟΝΙϹϹΠΤΕΝΛΗΙϹ
ΚϹΑΙϹΤΟΡ·ϹΕΝΑΤΗΙϹ
ΤΑΝΓΙΝΟΔ·ΑϚΑΑΜΑΤϹΛ
ΔΙѠϹΙΑϚ·ΔΙΟΜΑΝΑϚ

XII. Parement de l'autel double : dédicace de droite *RV-18*

ZⲰCHI
ΠIZHI

XIII. Le bloc *RV-19*

XIV. Le bloc *RV-20*

MEBITHI
APACINAI

XV. Le bloc *RV-21*

XVI. La plaque *RV-22*

XVII*b.* Le bloc *RV-25*

XVII*a.* Estampilles (en haut, *RV-24* ;
en bas, *RV-23*) d'un tuilier

MESITHI
APACINAI

XVIII. Le bloc *RV-26*

XIX*a*. Fragment de base *RV-27*

XIX*b*. Fragment de plaque de bronze *RV-30*

XX. Inscription latérale de la base *RV-28*

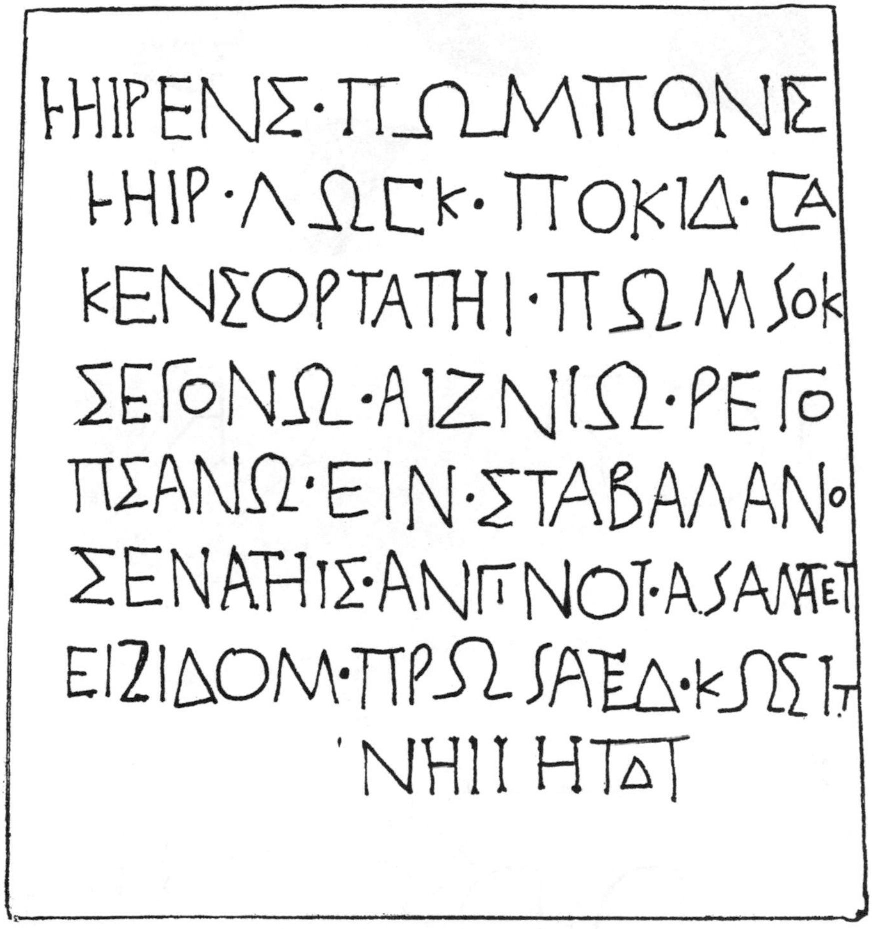

ҺHIPENƩ · ΠΩMΠONƩ
ҺHIP · ΛΩ⊏k · ΠOKIΔ · ⊏A
kENƩOPTATHI · ΠΩM ꟻok
ƩEΓONΩ · ΑIZNIΩ · PEΓO
ΠƩΑNΩ · EIN · ƩTABΑΛΑNo
ƩENAΠIƩ · ANΠNOT · A ꟻAⱯƮET
EIZIΔOM · ΠPΩ ꟻAꟴΔ · kΩƩ iꞱ
ˈNHII ҺꞱΔꞱ

XXI. Inscription latérale de la base *RV-28*

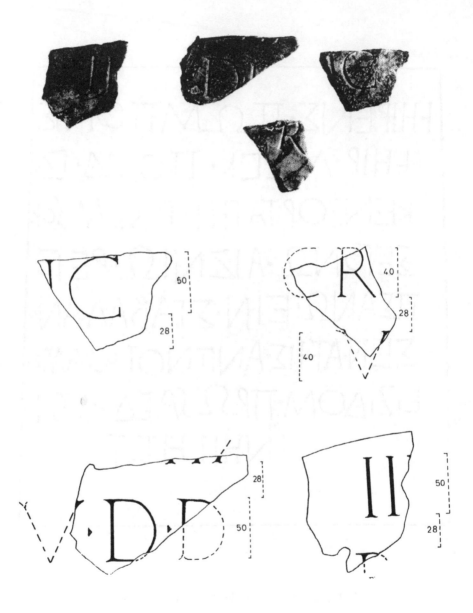

XXII. Fragments (de positions relatives incertaines) de la plaque de
marbre *RV-31/-43*

XXIII*a*. Fragment de pierre *RV-29*

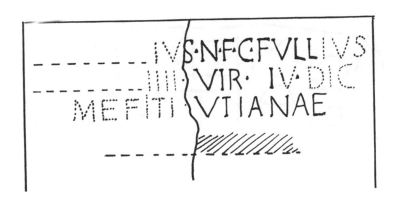

XXIII*b*. La base *RV-32*

XXIV. La dédicace *RV-33*

XXV. La dédicace *RV-35*

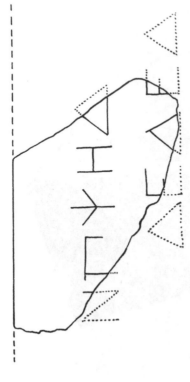

XXVIa. Débris de plaquette de bronze *RV-34*

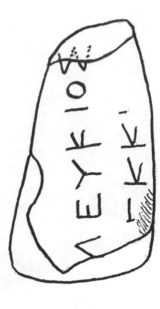

XXVIb. Le bloc *RV-36*

XXVII. Le bloc *RV-38*

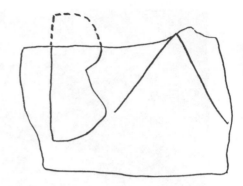

XXVIII*a*. Fragment *RV-39*

XXVIII*b*. Fragment *RV-37*   XXVIII*c*. Fragment *RV-40*

XXVIII*d*. Estampille de tuilier *RV-41*

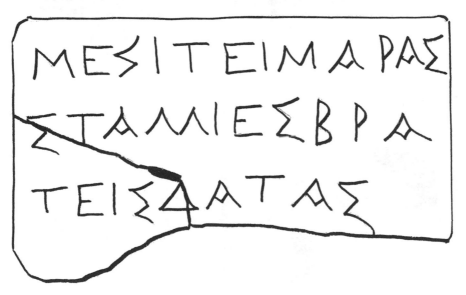

XXIX. La dédicace *RV-44/-50*

XXX*b*. Fragments de la plaque de marbre *RV-46*

XXX*a*. Fragments de la plaque de marbre *RV-45*

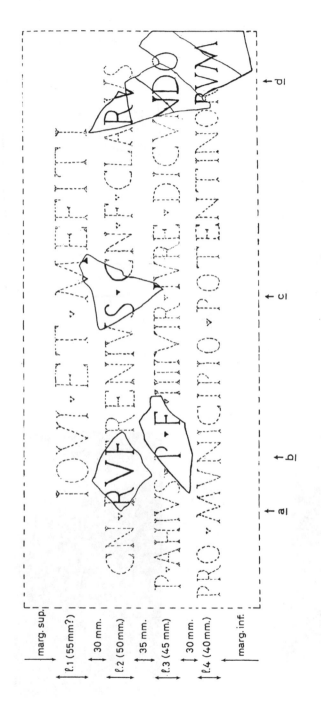

XXXI. Essai de restitution schématique de la plaque *RV-46*

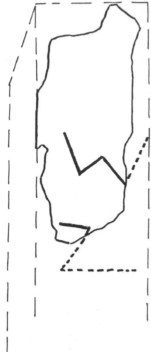

XXXIIa. Le bloc *RV-49*

XXXIIb. Le bloc *RV-51*

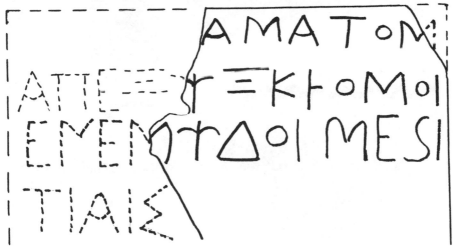

XXXIII. Le bloc *RV-52*

XXXIV*a*. Fragment *RV-53*

XXXIV*b*. Fragment *RV-54*

XXXIV*c*. Fragment *RV-55*

XXXV. Le bloc *RV-56*

XXXVI. Le bloc *RV-57*

TABLE DES MATIERES

AVANT-PROPOS 9

REFERENCES 11

ABREVIATIONS BIBLIOGRAPHIQUES 11
REPERTOIRE DES INSCRIPTIONS 12

TEXTES 15

INDEX DES MOTS 21
APPENDICE 24

ECRITURE, DIALECTE, CHRONOLOGIE (§§ 1-14) 25

LE SANCTUAIRE, SES TUTEURS, SES FIDELES (§§ 15-24) 36

LES UTIANI ET LES POTENTINI (§§ 16-18) 36
LES ELEMENTS DU SANCTUAIRE (§§ 19-20) 39
LES FORMULES VOTIVES (§§ 21-24) 41

LES DIVINITES (§§ 25-51) 44

LES AUTRES MEFITIS (§§ 26-33) 44
LA MEFITIS DE ROSSANO ET LA CERES D'AGNONE
(§§ 34-36) 50
LE PANTIIEON DE ROSSANO (§§ 37-51) 52

Attributs de Méfitis (§§ 39-42) 54
Méfitis et Jupiter (§§ 43-45) 56
Méfitis et les autres dieux (§§ 46-51) 57

PLANCHES

BCILL 5: *Language in Sociology*, **éd. VERDOODT A. ET KJOLSETH Rn,** 304 pp., 1976. Prix: 760,- FB.
From the 153 sociolinguistics papers presented at the 8th World Congress of Sociology, the editors selected 10 representative contributions about language and education, industrialization, ethnicity, politics, religion, and speech act theory.

BCILL 6: **HANART M.,** *Les littératures dialectales de la Belgique romane: Guide bibliographique*, 96 pp., 1976 (2e tirage, corrigé de CD 12). Prix: 340,- FB.
En ce moment où les littératures connexes suscitent un regain d'intérêt indéniable, ce livre rassemble une somme d'informations sur les productions littéraires wallonnes, mais aussi picardes et lorraines. Y sont également considérés des domaines annexes comme la linguistique dialectale et l'ethnographie.

BCILL 7: *Hethitica II,* **éd. JUCQUOIS G. et LEBRUN R.,** avec la collaboration de DEVLAMMINCK B., II-159 pp., 1977, Prix: 480,- FB.
Cinq ans après *Hethitica I* publié à la Faculté de Philosophie et Lettres de l'Université de Louvain, quelques hittitologues belges et étrangers fournissent une dizaine de contributions dans les domaines de la linguistique anatolienne et des cultures qui s'y rattachent.

BCILL 8: **JUCQUOIS G. et DEVLAMMINCK B.,** *Complèments aux dictionnaires étymologiques du grec.* Tome I: A-K, II-121 pp., 1977. Prix: 380,- FB.
Le *Dictionnaire étymologique de la langue grecque* du regretté CHANTRAINE P. est déjà devenu, avant la fin de sa parution, un classique indispensable pour les hellénistes. Il a fait l'objet de nombreux comptes rendus, dont il a semblé intéressant de regrouper l'essentiel en un volume. C'est le but que poursuivent ces *Compléments aux dictionnaires étymologiques du grec.*

BCILL 9: **DEVLAMMINCK B. et JUCQUOIS G.,** *Compléments aux dictionnaires étymologiques du gothique.* Tome I: A-F, II-123 pp., 1977. Prix: 380,- FB.
Le principal dictionnaire étymologique du gothique, celui de Feist, date dans ses dernières éditions de près de 40 ans. En attendant une refonte de l'œuvre qui incorporerait les données récentes, ces compléments donnent l'essentiel de la littérature publiée sur ce sujet.

BCILL 10: **VERDOODT A.,** *Les problèmes des groupes linguistiques en Belgique: Introduction à la bibliographie et guide pour la recherche*, 235 pp., 1977 (réédition de CD 1). Prix: 590,- FB.
Un «trend-report» de 2.000 livres et articles relatifs aux problèmes socio-linguistiques belges. L'auteur, qui a obtenu l'aide de nombreux spécialistes, a notamment dépouillé les catalogues par matière des bibliothèques universitaires, les principales revues belges et les périodiques sociologiques et linguistiques de classe internationale.

BCILL 11: **RAISON J. et POPE M.,** *Index transnuméré du linéaire A,* 333 pp., 1977. Prix: 840,- FB.
Cet ouvrage est la suite, antérieurement promise, de RAISON-POPE, Index du linéaire A, Rome 1971. A l'introduction près (et aux dessins des «mots»), il en reprend entièrement le contenu et constitue de ce fait une édition nouvelle, corrigée sur les originaux en 1974-76 et augmentée des textes récemment publiés d'Arkhanès, Knossos, La Canée, Zakro, etc., également autopsiés et rephotographiés par les auteurs.

BCILL 12: **BAL W. et GERMAIN J.**, *Guide bibliographique de linguistique romane*, VI-267 pp., 1978. Prix 685,- FB., ISBN 2-87077-097-9, 1982, ISBN 2-8017-099-1.

Conçu principalement en fonction de l'enseignement, cet ouvrage, sélectif, non exhaustif, tâche d'être à jour pour les travaux importants jusqu'à la fin de 1977. La bibliographie de linguistique romane proprement dite s'y trouve complétée par un bref aperçu de bibliographie générale et par une introduction bibliographique à la linguistique générale.

BCILL 13: **ALMEIDA I.**, *L'opérativité sémantique des récits-paraboles. Sémiotique narrative et textuelle. Herméneutique du discours religieux.* Préface de Jean LADRIÈRE, XIII-484 pp., 1978. Prix: 1.250,- FB.

Prenant comme champ d'application une analyse sémiotique fouillée des récitsparaboles de l'Évangile de Marc, ce volume débouche sur une réflexion herméneutique concernant le monde religieux de ces récits. Il se fonde sur une investigation épistémologique contrôlant les démarches suivies et situant la sémiotique au sein de la question générale du sens et de la comprehension.

BCILL 14: *Études Minoennes I: le linéaire A*, **éd. Y. DUHOUX**, 191 pp., 1978. Prix: 480,- FB.

Trois questions relatives à l'une des plus anciennes écritures d'Europe sont traitées dans ce recueil; évolution passée et état présent des recherches; analyse linguistique de la langue du linéaire A; lecture phonétique de toutes les séquences de signes éditées à ce jour.

BCILL 15: *Hethitica III*, 165 pp., 1979. prix: 490,- FB.

Ce volume rassemble quatre études consacrées à la titulature royal hittite, la femme dans la société hittite, l'onomastique lycienne et gréco-asianique, les rituels CTH 472 contre une impureté.

BCILL 16: **GODIN P.**, *Aspecten van de woordvolgorde in het Nederlands. Een syntaktische, semantische en functionele benadering*, VI + 338 pp., 1980. Prix: 1.000,- FB., ISBN 2-87077-241-6.

In dit werk wordt de stelling verdedigd dat de woordvolgorde in het Nederlands beregeld wordt door drie hoofdfaktoren, nl. de syntaxis (in de engere betekenis van dat woord), de semantiek (in de zin van distributie van de dieptekasussen in de oppervlaktestruktuur) en het zgn. functionele zinsperspektief (d.i. de distributie van de constituenten naargelang van hun graad van communicatief dynamisme).

BCILL 17: **BOHL S.**, *Ausdrucksmittel für ein Besitzverhältnis im Vedischen und griechischen*, III + 108 pp., 1980. Prix: 360,- FB., ISBN 2-87077-170-3.

This study examines the linguistic means used for expressing possession in Vedic Indian and Homeric Greek. The comparison, based on a select corpus of texts, reveals that these languages use essentially inherited devices but with differing frequency ratios. in addition Greek has developed a verb "to have", the result of a different rhythm in cultural development.

BCILL 18: **RAISON J. et POPE M.**, *Corpus transnuméré du linéaire A*, 350 pp., 1980. Prix: 1.100,- FB.

Cet ouvrage est, d'une part, la clé à l'Index transnuméré du linéaire A des mêmes auteurs, BCILL 11: de l'autre, il ajoute aux recueils d'inscriptions déjà publiés de plusieurs côtés des compléments indispensables: descriptions, transnumérations, apparat critique, localisation précise et chronologie détaillée des textes, nouveautés diverses, etc.

BCILL 19: **FRANCARD M.,** *Le parler de Tenneville. Introduction à l'étude linguistique des parlers wallo-lorrains,* 312 pp., 1981. Prix: 780,- FB., ISBN 2-87077-000-6.
Dialectologues, romanistes et linguistes tireront profit de cette étude qui leur fournit une riche documentation sur le domaine wallo-lorrain, un aperçu général de la segmentation dialectale en Wallonie, et de nouveaux matériaux pour l'étude du changement linguistique dans le domaine gallo-roman. Ce livre intéressera aussi tous ceux qui sont attachés au patrimoine culturel du Luxembourg belge en particulier, et de la Wallonie en général.

BCILL 20: **DESCAMPS A. et al.,** *Genèse et structure d'un texte du Nouveau Testament. Étude interdisciplinaire du chapitre 11 de l'Évangile de Jean,* 292 pp., 1981. Prix: 895,- FB.
Comment se pose le problème de l'intégration des multiples approches d'un texte biblique? Comment articuler les unes aux autres les perspectives développées par l'exégèse historicocritique et les approches structuralistes? C'est à ces questions que tentent de répondre les auteurs à partir de l'étude du récit de la résurrection de Lazare. Ce volume a paru simultanément dans la collection «Lectio divina» sous le n° 104, au Cerf à Paris, ISBN 2-204-01658-6.

BCILL 21: *Hethitica IV,* 155 pp., 1981. Prix: 390,- FB., ISBN 2-87077-026.
Six contributions d'E. Laroche, F. Bader, H. Gonnet, R. Lebrun et P. Crepon sur: les noms des Hittites; hitt. zinna-; un geste du roi hittite lors des affaires agraires; vœux de la reine à Istar de Lawazantiya; pauvres et démunis dans la société hittite; le thème du cerf dans l'iconographie anatolienne.

BCILL 22: **J.-J. GAZIAUX,** *L'élevage des bovidés à Jauchelette en roman pays de Brabant. Étude dialectologique et ethnographique,* XVIII + 372 pp., 1 encart, 45 illustr., 1982. Prix: 1.170,- FB., ISBN 2-87077-137-1.
Tout en proposant une étude ethnographique particulièrement fouillée des divers aspects de l'élevage des bovidés, avec une grande sensibilité au facteur humain, cet ouvrage recueille le vocabulaire wallon des paysans d'un petit village de l'est du Brabant, contrée peu explorée jusqu'à présent sur le plan dialectal.

BCILL 23: *Hethitica V,* 131 pp., 1983. Prix: 330,- FB., ISBN 2-87077-155-X.
Onze articles de H. Berman, M. Forlanini, H. Gonnet, R. Haase, E. Laroche, R. Lebrun, S. de Martino, L.M. Mascheroni, H. Nowicki, K. Shields.

BCILL 24: **L. BEHEYDT,** *Kindertaalonderzoek. Een methodologisch handboek,* 252 pp., 1983. Prix: 620,- FB., ISBN 2-87'77-171-1.
Dit werk begint met een overzicht van de trends in het kindertaalonderzoek. Er wordt vooral aandacht besteed aan de methodes die gebruikt worden om de taalontwikkeling te onderzoeken en te bestuderen. Het biedt een gedetailleerd analyserooster voor het onderzoek van de receptieve en de produktieve taalwaardigheid zowel door middel van tests als door middel van bandopnamen. Zowel onderzoek van de woordenschat als onderzoek van de grammatica komen uitvoerig aan bod.

BCILL 25: **J.-P. SONNET,** *La parole consacrée. Théorie des actes de langage, linguistique de l'énonciation et parole de la foi,* VI-197 pp., 1984. Prix: 520,- FB. ISBN 2-87077-239-4.
D'ou vient que la parole de la foi ait une telle force?
Ce volume tente de répondre à cette question en décrivant la «parole consacrée», en cernant la puissance spirituelle et en définissant la relation qu'elle instaure entre l'homme qui la prononce et le Dieu dont il parle.

BCILL 26: **A. MORPURGO DAVIES - Y. DUHOUX (ed.)**, *Linear B: A 1984 Survey.*
Proceedings of the Mycenaean Colloquium of the VIIIth Congress of the International Federation of the Societies of Classical Studies (Dublin, 27 August-1st September 1984), 310 pp., 1985. Price: 850 FB., ISBN 2-87077-289-0.
Six papers by well known Mycenaean specialists examine the results of Linear B studies more than 30 years after the decipherment of script. Writing, language, religion and economy are all considered with constant reference to the Greek evidence of the First Millennium B.C. Two additional articles introduce a discussion of archaeological data which bear on the study of Mycenaean religion.

BCILL 27: *Hethica VI*, 204 pp., 1985. Prix: 550 FB. ISBN 2-87077-290-4.
Dix articles de J. Boley, M. Forlanini, H. Gonnet, E. Laroche, R. Lebrun, E. Neu, M. Paroussis, M. Poetto, W.R. Schmalstieg, P. Swiggers.

BCILL 28: **R. DASCOTTE,** *Trois suppléments au dictionnaire du wallon du Centre,* 359 pp., 1 encart, 1985. Prix: 950 FB. ISBN 2-87077-303-X.
Ce travail comprend 5.200 termes qui apportent un complément substantiel au *Dictionnaire du wallon du Centre* (8.100 termes). Il est le fruit de 25 ans d'enquête sur le terrain et du dépouillement de nombreux travaux dont la plupart sont inédits, tels des mémoires universitaires. Nul doute que ces *Trois suppléments au dictionnaire du wallon du Centre* intéresseront le spécialiste et l'amateur.

BCILL 29: **B. HENRY,** *Les enfants d'immigrés italiens en Belgique francophone. Seconde génération et comportement linguistique*, 360 pp., 1985. Prix: 950 FB. ISBN 2-87077-306-4.
L'ouvrage se veut un constat de la situation linguistique de la seconde génération immigrée italienne en Belgique francophone en 1976. Il est basé sur une étude statistique du comportement linguistique de 333 jeunes issus de milieux immigrés socio-économiques modestes. De chiffres préoccupants qui parlent et qui donnent à réfléchir...

BCILL 30: **H. VAN HOOF,** *Petite histoire de la traduction en Occident*, 105 pp., 1986. Prix: 380 FB. ISBN 2-87077-343-9.
L'histoire de notre civilisation occidentale vue par la lorgnette de la traduction. De l'Antiquité à nos jours, le rôle de la traduction dans la transmission du patrimoine gréco-latin, dans la christianisation et la Réforme, dans le façonnage des langues, dans le développement des littératures, dans la diffusion des idées et du savoir. De la traduction orale des premiers temps à la traduction automatique moderne, un voyage fascinant.

BCILL 31: **G. JUCQUOIS,** *De l'egocentrisme à l'ethnocentrisme*, 421 pp., 1986. Prix: 1.100 FB. ISBN 2-87077-352-8.
La rencontre de l'Autre est au centre des préoccupations comparatistes. Elle constitue toujours un événement qui suscite une interpellation du sujet: les manières d'être, d'agir et de penser de l'Autre sont autant de questions sur nos propres attitudes.

BCILL 32: **G. JUCQUOIS,** *Analyse du langage et perception culturelle du changement*, 240 p., 1986. Prix: 640 FB. ISBN 2-87077-353-6.
La communication suppose la mise en jeu de différences dans un système perçu comme permanent. La perception du changement est liée aux données culturelles: le concept de différentiel, issu très lentement des mathématiques, peut être appliqué aux sciences du vivant et aux sciences de l'homme.

BCILL 33-35: **L. DUBOIS**, *Recherches sur le dialecte arcadien*, 3 vol., 236, 324, 134 pp., 1986. Prix: 1.975 FB. ISBN 2-87077-370-6.
Cet ouvrage présente aux antiquisants et aux linguistes un corpus mis à jour des inscriptions arcadiennes ainsi qu'une description synchronique et historique du dialecte. Le commentaire des inscriptions est envisagé sous l'angle avant tout philologique; l'objectif de la description de ce dialecte grec est la mise en évidence de nombreux archaïsmes linguistiques.

BCILL 36: *Hethitica VII*, 267 pp., 1987. Prix: 800 FB.
Neuf articles de P. Cornil, M. Forlanini, G. Gonnet, R. Haase, G. Kellerman, R. Lebrun, K. Shields, O. Soysal, Th. Urbin Choffray.

BCILL 37: *Hethtica VIII. Acta Anatolica E. Laroche oblata*, 426 pp., 1987. Prix: 1.300 FB.
Ce volume constitue les *Actes* du Colloque anatolien de Paris (1-5 juillet 1985): articles de D. Arnaud, D. Beyer, Cl. Brixhe, A.M. et B. Dinçol, F. Echevarria, M. Forlanini, J. Freu, H. Gonnet, F. Imparati, D. Kassab, G. Kellerman, E. Laroche, R. Lebrun, C. Le Roy, A. Morpurgo Davies et J.D. Hawkins, P. Neve, D. Parayre, F. Pecchioli-Daddi, O. Pelon, M. Salvini, I. Singer, C. Watkins.

BCILL 38: **J.-J. GAZIAUX**, *Parler wallon et vie rurale au pays de Jodoigne à partir de Jauchelette*. Avant-propos de Willy Bal, 368 pp., 1987. Prix: 790 FB.
Après avoir caractérisé le parler wallon de la région de Jodoigne, l'auteur de ce livre abondamment illustré s'attache à en décrire le cadre villageois, à partir de Jauchelette. Il s'intéresse surtout à l'évolution de la population et à divers aspects de la vie quotidienne (habitat, alimentation, distractions, vie religieuse), dont il recueille le vocabulaire wallon, en alliant donc dialectologie et ethnographie.

BCILL 39: **G. SERBAT**, *Linguistique latine et Linguistique générale*, 74 pp., 1988. Prix: 280 FB. ISBN 90-6831-103-4.
Huit conférences faites dans le cadre de la Chaire Francqui, d'octobre à décembre 1987, sur: le temps; deixis et anaphore; les complétives; la relative; nominatif; génitif partitif; principes de la dérivation nominale.

BCILL 40: *Anthropo-logiques*, éd. D. Huvelle, J. Giot, R. Jongen, P. Marchal, R. Pirard (Centre interdisciplinaire de Glossologie et d'Anthropologie Clinique), 202 pp., 1988. Prix: 600 FB. ISBN 90-6831-108-5.
En un moment où l'on ne peut plus ignorer le malaise épistémologique où se trouvent les sciences de l'humain, cette série nouvelle publie des travaux situés dans une perspective anthropo-logique unifiée mais déconstruite, épistémologiquement et expérimentalement fondée. Domaines abordés dans ce premier numéro: présentation générale de l'anthropologie clinique; épistémologie; linguistique saussurienne et glossologie; méthodologie de la description de la grammaticalité langagière (syntaxe); anthropologie de la personne (l'image spéculaire).

BCILL 41: **M. FROMENT**, *Temps et dramatisations dans les récits écrits d'élèves de 5ème*, 268 pp., 1988. Prix: 850 FB.
Les récits soumis à l'étude ont été analysés selon les principes d'une linguistique qui intègre la notion de circulation discursive, telle que l'a développée M. Bakhtine.
La comparaison des textes a fait apparaître que le temps était un principe différenciateur, un révélateur du type d'histoire racontée.
La réflexion sur la temporalité a également conduit à constituer une typologie des textes intermédiaire entre la langue et la diversité des productions, en fonction de leur homogénéité.

BCILL 42: **Y.L. ARBEITMAN** (ed.), *A Linguistic Happening in Memory of Ben Schwartz. Studies in Anatolian, Italic and Other Indo-European Languages*, 598 pp., 1988. Prix: 1800,- FB.
36 articles dédiés à la mémoire de B. Schwartz traitent de questions de linguistique anatolienne, italique et indo-européenne.

BCILL 43: *Hethitica IX*, 179 pp., 1988. Prix: 540 FB. ISBN.
Cinq articles de St. de Martino, J.-P. Grélois, R. Lebrun, E. Neu, A.-M. Polvani.

BCILL 44: **M. SEGALEN** (éd.), *Anthropologie sociale et Ethnologie de la France*, 873 pp., 1989. Prix: 2.620 FB. ISBN 90-6831-157-3 (2 vol.).
Cet ouvrage rassemble les 88 communications présentées au Colloque International «Anthropologie sociale et Ethnologie de la France» organisé en 1987 pour célébrer le cinquantième anniversaire du Musée national des Arts et Traditions populaires (Paris), une des institutions fondatrices de la discipline. Ces textes montrent le dynamisme et la diversité de l'ethnologie chez soi. Ils sont organisés autour de plusieurs thèmes: le regard sur le nouvel «Autre», la diversité des cultures et des identités, la réévaluation des thèmes classiques du symbolique, de la parenté ou du politique, et le rôle de l'ethnologue dans sa société.

BCILL 45: **J.-P. COLSON**, *Krashens monitortheorie: een experimentele studie van het Nederlands als vreemde taal. La théorie du moniteur de Krashen: une étude expérimentale du néerlandais, langue étrangère*, 226 pp., 1989. Prix: 680 FB. ISBN 90-6831-148-4.
Doel van dit onderzoek is het testen van de monitortheorie van S.D. Krashen in verband met de verwerving van het Nederlands als vreemde taal. Tevens wordt uiteengezet welke plaats deze theorie inneemt in de discussie die momenteel binnen de toegepaste taalwetenschap gaande is.

BCILL 46: *Anthropo-logiques* 2 (1989), 324 pp., 1989. Prix: 970 FB. ISBN 90-6831-156-5.
Ce numéro constitue les Actes du Colloque organisé par le CIGAC du 5 au 9 octobre 1987. Les nombreuses interventions et discussions permettent de dégager la spécificité épistémologique et méthodologique de l'anthropologie clinique: approches (théorique ou clinique) de la rationalité humaine, sur le plan du signe, de l'outil, de la personne ou de la norme.

BCILL 47: **G. JUCQUOIS**, *Le comparatisme*, t. 1: *Généalogie d'une méthode*, 206 pp., 1989. Prix: 750 FB. ISBN 90-6831-171-9.
Le comparatisme, en tant que méthode scientifique, n'apparaît qu'au XIXe siècle. En tant que manière d'aborder les problèmes, il est beaucoup plus ancien. Depuis les premières manifestations d'un esprit comparatiste, à l'époque des Sophistes de l'Antiquité, jusqu'aux luttes théoriques qui préparent, vers la fin du XVIIIe siècle, l'avènement d'une méthode comparative, l'histoire des mentalités permet de préciser ce qui, dans une société, favorise l'émergence contemporaine de cette méthode.

BCILL 48: **G. JUCQUOIS**, *La méthode comparative dans les sciences de l'homme*, 138 pp., 1989. Prix: 560 FB. ISBN 90-6831-169-7.
La méthode comparative semble bien être spécifique aux sciences de l'homme. En huit chapitres, reprenant les textes de conférences faites à Namur en 1989, sont présentés les principaux moments d'une histoire du comparatisme, les grands traits de la méthode et quelques applications interdisciplinaires.

BCILL 49: *Problems in Decipherment*, edited by **Yves DUHOUX, Thomas G. PALAIMA and John BENNET**, 1989, 216 pp. Price: 650 BF. ISBN 90-6831-177-8.

Five scripts of the ancient Mediterranean area are presented here. Three of them are still undeciphered — "Pictographic" Cretan; Linear A; Cypro-Minoan. Two papers deal with Linear B, a successfully deciphered Bronze Age script. The last study is concerned with Etruscan.

BCILL 50: **B. JACQUINOD,** *Le double accusatif en grec d'Homère à la fin du V*ᵉ *siècle avant J.-C.* (publié avec le concours du Centre National de la Recherche Scientifique), 1989, 305 pp. Prix: 900 FB. ISBN 90-6831-194-8.

Le double accusatif est une des particularités du grec ancien: c'est dans cette langue qu'il est le mieux représenté, et de beaucoup. Ce tour, loin d'être un archaïsme en voie de disparition, se développe entre Homère et l'époque classique. Les types de double accusatif sont variés et chacun conduit à approfondir un fait de linguistique générale: expression de la sphère de la personne, locution, objet interne, transitivité, causativité, etc. Un livre qui intéressera linguistes, hellénistes et comparatistes.

BCILL 51: **Michel LEJEUNE,** *Méfitis d'après les dédicaces lucaniennes de Rossano di Vaglio*, 103 pp., 1990. Prix: 400,- FB. ISBN 00-00000-00.

D'après l'épigraphie, récemment venue au jour, d'un sanctuaire lucanien (-IVᵉ/-Iᵉʳ s.), vues nouvelles sur la langue osque et sur le culte de la déesse Méfitis.

SÉRIE PÉDAGOGIQUE DE L'INSTITUT DE LINGUISTIQUE DE LOUVAIN (SPILL).

SPILL 1: JUCQUOIS G., avec la collaboration de **LEUSE J.**, *Conventions pour la présentation d'un texte scientifique*, 1978, 54 pp. (épuisé).

SPILL 2: JUCQUOIS G., *Projet pour un traité de linguistique différentielle*, 1978, 67 pp. Prix: 170,- FB.
Exposé succinct destiné à de régulières mises à jour de l'ensemble des projets et des travaux en cours dans une perspective différentielle au sein de l'Institut de Linguistique de Louvain.

SPILL 3; JUCQUOIS G., *Additions 1978 au « Projet pour un traité de linguistique différentielle »*, 1978, 25 pp. Prix: 70,- FB.

SPILL 4: JUCQUOIS G., *Paradigmes du vieux-slave*, 1979, 33 pp. Prix: 100,- FB.
En vue de faciliter l'étude élémentaire de la grammaire du vieux-slave et de permettre aux étudiants d'en identifier rapidement les formes, ce volume regroupe l'ensemble des paradigmes de cette langue liturgique.

SPILL 5: BAL W. - GERMAIN J., *Guide de linguistique*, 1979, 108 pp. Prix: 275,- FB.
Destiné à tous ceux qui désirent s'initier à la linguistique moderne, ce guide joint à un exposé des notions fondamentales et des connexions interdisciplinaires de cette science une substantielle documentation bibliographique sélective, à jour, classée systématiquement et dont la consultation est encore facilitée par un index détaillé.

SPILL 6: JUCQUOIS G. - LEUSE J., *Ouvrages encyclopédiques et terminologiques en sciences humaines*, 1980, 66 pp. Prix: 165,- FB.
Brochure destinée à permettre une première orientation dans le domaine des diverses sciences de l'homme. Trois sortes de travaux y sont signalés: ouvrages de terminologie, ouvrages d'introduction, et ouvrages de type encyclopédique.

SPILL 7: DONNET D., *Paradigmes et résumé de grammaire sanskrite*, 64 pp., 1980. Prix: 160,- FB.
Dans cette brochure, qui sert de support à un cours d'initiation, sont envisagés: les règles du sandhi externe et interne, les paradigmes nominaux et verbaux, les principes et les classifications de la composition nominale.

SPILL 8-9: DEROY L., *Padaśas. Manuel pour commencer l'étude du sanskrit même sans maître*, 2 vol., 203 + 160 pp., 2ᵉ éd., 1984. Prix: 1.090,- FB., ISBN 2-87077-274-2.
Méthode progressive apte à donner une connaissance élémentaire et passive du sanskrit (en transcription). Chaque leçon de grammaire est illustrée par des textes simples (proverbes, maximes et contes). Le second volume contient un copieux lexique, une traduction des textes (pour contrôle) et les éléments pour étudier, éventuellement, à la fin, l'écriture nâgarî.

SPILL 10: *Langage ordinaire et philosophie chez le second WITTGENSTEIN. Séminaire de philosophie du langage 1979-1980*, **édité par MALHERBE J.F.**, 139 pp., 1980. Prix: 350,- FB. ISBN 2-87077-014-6.

Si, comme le soutenait Wittgenstein, **la signification c'est l'usage,** c'est en étudiant l'usage d'un certain nombre de termes clés de la langue du philosophe que l'on pourra, par-delà le découpage de sa pensée en aphorismes, tenter une synthèse de quelques thèmes majeurs des **investigations philosophiques.**

SPILL 11: **PIERRET J.M.,** *Phonétique du français. Notions de phonétique générale et phonétique du français*, V-245 pp. + 4 pp. hors texte, 1985. Prix: 550,- FB. ISBN 2-87077-018-9.

Ouvrage d'initiation aux principaux problèmes de la phonétique générale et de la phonétique du français. Il étudie, en outre, dans une section de phonétique historique, l'évolution des sons, du latin au français moderne.

SPILL 12: **Y. DUHOUX,** *Introduction aux dialectes grecs anciens. Problèmes et méthodes. Recueil de textes traduits*, 111 pp., 1983. Prix: 280,- FB. ISBN 2-87077-177-0.

Ce petit livre est destiné aux étudiants, professeurs de grec et lecteurs cultivés désireux de s'initier à la dialectologie grecque ancienne: description des parlers; classification dialectale; reconstitution de la préhistoire du grec. Quatorze cartes et tableaux illustrent l'exposé, qui est complété par une bibliographie succincte. La deuxième partie de l'ouvrage rassemble soixante-huit courtes inscriptions dialectales traduites et accompagnées de leur bibliographie.

SPILL 13: **G. JUCQUOIS,** *Le travail de fin d'études. Buts, méthode, présentation*, 82 pp., 1984. Prix: 230,- FB. ISBN 2-87077-224-6.

Les étudiants se posent souvent la question des buts du travail de fin d'études: quel est le rôle de ce travail dans leur formation, comment rassembler les informations nécessaires, comment les traiter, comment les présenter? Voilà quelques unes des grandes questions auxquelles on tente de répondre

INDEX ET CONCORDANCES DE L'INSTITUT DE LINGUISTIQUE DE LOUVAIN (ICILL).

ICILL 1: **JUCQUOIS,** avec la collaboration de **B. DEVLAMMINCK et de J. LEUSE,** *La transcription des langues indo-européennes anciennes et modernes: normalisation et adaptation pour l'ordinateur.* 1980, 109 pp. Prix: 600,- FB.

ICILL 2: **E. NIEUWBORG et J. WEISSHAUPT,** avec la collaboration de **D. REULEN,** *Concordantielijst van Zuidnederlandse Romans:* **H. CLAUS,** *Natuurgetrouwer; De Zwarte Keizer; Het jaar van de Kreeft,* 1979, 12 pp. + 3.435 pp. en 14 microfiches. Prix: 1.000,- FB.

ICILL 3: **G. JUCQUOIS et B. DEVLAMMINCK,** *Die Sprache I (1949) - 20 (1974):* index des formes, 1979, XVI-301 pp. Prix: 1.000,- FB.

ICILL 4: **E. NIEUWBORG et J. WEISSHAUPT,** avec la collaboration de **D. REULEN,** Concordance de: CESBRON G., *Notre prison et un royaume.* Concordance de *G. BERNANOS, L'imposture.* 1981, 12 pp. + 3.176 pp. en 12 microfiches. Prix: 950,- FB.

ICILL 6: **E. NIEUWBORG et J. WEISSHAUPT,** avec la collaboration de **R. REULEN,** Concordantielijsten van weekbladen en krantentaal (Zuidnederlands taalgebied). 1981, 12 pp. + 2.606 pp. en 11 microfiches. Prix: 800,- FB.

ICILL 11: **E. NIEUWBORG et J. WEISSHAUPT,** avec la collaboration de **R. REULEN,** Concordantielijsten van Zuidnederlandse letterkunde - Hubert LAMPO, *De komst van Joachim Stiller. Er is méér, Horatio.* 1981, 16 × 24, 12 pp. + 2.403 pp. en 10 microfiches. Prix: 800,- FB.